LITERATURA ÉTICA
Guía Integral para Escritores

FLÓREZ-KARICA

ACADEMIA DE LIDERAZGO

LITERATURA ÉTICA

GUÍA INTEGRAL PARA ESCRITORES

ISBN: 979-8300-52-516-3

LITERATURA ÉTICA: Guía Integral para Escritores
Copyright © 2024 FLÓREZ-KARICA Academia de Liderazgo
Primera edición para Kindle Direct Publishing / USA

Correo electrónico: luisflorezkarica@gmail.com

Edición:
Prof. Carlos Contreras / Panamá

Herramientas IA para corrección de estilo:
Gemini y Chatgpt

Diseño y diagramación:
Fragata Cultural

Impresión:
Proveedores de Kindle Direct Publishing / USA

Queda prohibida la reproducción total o parcial de esta obra, por cualquier medio o procedimiento, incluida la fotocopia, de acuerdo con las Leyes vigentes de la República de Panamá, salvo autorización escrita del autor.

TABLA DE CONTENIDO

Prólogo 11

INTRODUCCIÓN 14
¿Por qué la ética importa en la escritura? 14
El poder de la palabra y la responsabilidad del escritor 15
Los desafíos de la era digital 15
Lo que aprenderás en este libro 16
Cómo utilizar esta guía 17
Un llamado a los escritores responsables 18

FUNDAMENTOS DE LA ÉTICA LITERARIA 20
¿Qué es la ética en la literatura? 20
¿Por qué es importante la ética en la creación literaria? 21
Principios básicos de la ética literaria 21
Derechos de autor: protegiendo tu propia voz creativa 22
El plagio: una amenaza para la integridad literaria 24
Principios éticos aplicados a la creación de contenido 25

DERECHOS DE AUTOR Y PROPIEDAD INTELECTUAL: PROTEGE TU CREACIÓN 27
¿Qué es la propiedad intelectual y por qué es importante? ... 27
Derechos de autor, marcas registradas y patentes: ¿cuál es la diferencia? 28
Licencias y permisos: comparte tu trabajo de manera ética ... 29
Registra tu obra: ¡un seguro extra! 30
¿Cómo registrar tu obra? 31

CONSTRUYENDO SOBRE LOS HOMBROS DE GIGANTES: EL USO ÉTICO DE RECURSOS EN LA CREACIÓN LITERARIA 33
Uso de textos y citas de otros autores 33
Uso de imágenes en libros y publicaciones 36
Incorporación de música y videos en proyectos literarios 37
Consejos prácticos para protegerte legalmente 38

LA INTELIGENCIA ARTIFICIAL Y LA ÉTICA EN LA ESCRITURA: UN NUEVO PARADIGMA 39
Herramientas de ia en la creación literaria 39
Riesgos éticos y cómo mitigarlos 41
Deepfakes literarios y la autenticidad del autor 43

Directrices para el uso responsable de la ia en la escritura 43

PUBLICACIÓN Y DISTRIBUCIÓN ÉTICA: LLEVANDO TU OBRA AL MUNDO. **45**
Autopublicación vs. Editoriales tradicionales: ¿cuál elegir? 45
Marketing literario ético: promoviendo tu obra sin engañar 48
Uso de reseñas y testimonios: integridad y transparencia 49
Plataformas de distribución: derechos y obligaciones 49
Responsabilidad social y el futuro de la publicación ética 50

EL FUTURO DE LA LITERATURA: NUEVAS TECNOLOGÍAS Y DESAFÍOS ÉTICOS **52**
Blockchain y derechos de autor: nuevas oportunidades para proteger tus obras 52
Nfts y obras literarias: redefiniendo el valor del contenido digital 53
El metaverso y la literatura: explorando nuevas dimensiones creativas 54
Realidad aumentada y realidad virtual: innovación en la narrativa ... 55
Reflexiones éticas para la era digital: balance entre innovación y responsabilidad 56

CASOS PRÁCTICOS Y BUENAS PRÁCTICAS: NAVEGANDO LA ÉTICA EN LA LITERATURA 58
Estudios de caso: infracción de derechos de autor en la era digital ... 58
CASO 1 - ESTUDIO DE CASO: Plagio en Obras Literarias – The Woman in the Window de A. J. Finn 58
CASO 2 - ESTUDIO DE CASO: Inteligencia Artificial en la Escritura – chatgpt y la Coautoría de Novelas 61
Caso 3 - ESTUDIO DE CASO: derechos de autor y dominio público – winnie the pooh en 2022 65
Caso 4 - ESTUDIO DE CASO: autopublicación ética – amazon kindle direct publishing y los derechos de autor 69
Ejemplos de autores que han utilizado ia de manera ética 73
Cómo realizar un análisis ético de tus propias obras 76
Checklist para evaluar la ética de tus proyectos literarios 77

TU CAJA DE HERRAMIENTAS ÉTICAS: RECURSOS Y APOYO PARA EL ESCRITOR **79**
Guías y manuales recomendados sobre derechos de autor 79
Plataformas y herramientas digitales para proteger tu obra 80
Redes de apoyo y comunidades éticas para escritores 81
Bibliografía y lecturas recomendadas 82
Reflexiones finales: el compromiso continuo con la ética literaria 83

CONCLUSIÓN: LA ÉTICA, UN FARO EN EL MAR DE LA CREATIVIDAD 84
  Reflexiones finales sobre la ética en la literatura 84
  El futuro de la creación literaria en la era digital 85
  Llamado a la acción para escritores responsables 85
  Un legado ético para la literatura del mañana 86

ANEXOS PARA PROFUNDIZAR: 88
  Guía para citar correctamente en los sistemas de citación más
  utilizados: 88
  Guía para la verificación de originalidad: cómo utilizar herramientas
  de detección de plagio 93
  Guía práctica para el uso justo (fair use) en la escritura 99
  Guía práctica para utilizar imágenes gratuitas en tus libros 105
  Guía Práctica para el Uso Adecuado de Inteligencia Artificial en la
  Literatura 110
  Guía para incorporar marcas de agua digitales en textos: protege la
  autenticidad y autoría de tus obras 116
  Guía para utilizar la tecnología blockchain para registrar la creación y
  autoría de obras literarias 122
  Checklist integral para la creación y publicación de una obra literaria
  128

REFERENCIAS 132
SOBRE EL PROCESO DE EDICIÓN 134

*A la memoria de ARIEL BARRÍA ALVARADO,
mi maestro de la escritura…*

*…por enseñarme que cada palabra tiene un peso
y un propósito, y que la ética no solo guía nuestras letras,
sino que define quienes somos.*

*Este libro es un reflejo de tus enseñanzas,
tu pasión por la verdad y tu incansable
compromiso con la integridad literaria.*

*Gracias por inspirarme a escribir con conciencia,
respeto y, sobre todo, con el corazón.*

"La ética no es más que el intento racional de averiguar cómo vivir mejor"
— FERNANDO SAVATER

PRÓLOGO

La escritura es, para muchos de nosotros, un camino tan fascinante como complejo. Es un territorio en el que cada palabra cuenta y donde cada frase se convierte en un ladrillo en la construcción de mundos, personajes y, en última instancia, de un legado. Sin embargo, escribir no se trata solo de poner palabras en el papel; es un acto que implica una profunda responsabilidad. Desde el momento en que decidimos contar una historia, asumir una postura o expresar una idea, nos enfrentamos a dilemas éticos que moldean no solo nuestras obras, sino también nuestra identidad como autores.

Escribir conlleva poder, y con ese poder vienen ciertas obligaciones. ¿Cómo asegurarnos de que nuestras historias respeten la verdad, los derechos de los demás y la integridad de la creación literaria? ¿Cómo adaptarnos a los cambios de la era digital sin comprometer nuestros principios éticos? ¿Cómo utilizar, de forma responsable, herramientas como la inteligencia artificial en nuestro proceso creativo? Estas son preguntas que me han acompañado durante años y que, probablemente, resonarán contigo también.

La ética en la escritura no es simplemente una cuestión de evitar el plagio o de citar correctamente nuestras fuentes; va mucho más allá. Es un compromiso con la honestidad, la justicia y el respeto.

En este sentido, la ética es el faro que nos orienta en el vasto mar de la creatividad, permitiéndonos navegar con integridad y propósito, aun en aguas inciertas.

He escrito este libro con la esperanza de que se convierta en una guía útil para escritores de todos los niveles. Aquí he reunido no solo principios fundamentales de la ética literaria, sino también herramientas prácticas que te ayudarán a construir una carrera literaria que respete tanto tu propia voz como la de los demás. Nos adentraremos en temas cruciales como los derechos de autor, el uso justo y las licencias Creative Commons, explorando además cómo las tecnologías emergentes —como el blockchain, los NFTs y el metaverso— están redefiniendo las fronteras de la creación y la propiedad intelectual.

Este libro está diseñado para que puedas consultarlo de principio a fin o recurrir a él cuando enfrentes una encrucijada ética en tu proceso creativo. Mi propósito es que encuentres aquí una respuesta o, al menos, una perspectiva que te permita tomar decisiones informadas y conscientes.

Como escritor, no solo estás creando una obra; estás construyendo un legado. Que cada palabra que elijas sea fiel a tu visión y, a su vez, refleje un compromiso con los más altos valores de integridad y responsabilidad.

Al final, la verdadera recompensa de escribir con ética no es solo proteger nuestros derechos o evitar conflictos legales, sino saber que hemos contribuido a una tradición literaria rica, honesta y respetuosa, que inspire a otros a hacer lo mismo.

Bienvenido a este viaje hacia una escritura más ética y significativa. Espero que cada página de este libro te acerque un poco más a ese ideal.

FLÓREZ-KARICA
Academia de Liderazgo

INTRODUCCIÓN

¿POR QUÉ LA ÉTICA IMPORTA EN LA ESCRITURA?

En un mundo cada vez más interconectado y digitalizado, la creación literaria enfrenta nuevos desafíos y oportunidades. La ética, entendida como *"una reflexión sobre las costumbres y la manera de vivir. Se trata de examinar cómo debe uno vivir, cómo comportarse con los demás y consigo mismo," (Savater, 1991, p. 11)*.[1] cobra mayor relevancia en el contexto de esta obra.

La proliferación de plataformas digitales y el acceso fácil a la información han permitido compartir nuestras historias con un público más amplio, pero también han incrementado los riesgos de malas prácticas, como el plagio y la desinformación.

Este libro tiene como objetivo proporcionar una guía práctica y completa para navegar por el complejo mundo de la creación literaria de manera ética y responsable. Queremos que desarrolles un entendimiento profundo de los principios éticos que deben guiar tu trabajo como escritor, para que puedas crear contenido que sea tanto creativo como respetuoso con los derechos de los demás.

---

[1] Savater, F. (1991). *Ética para Amador*. Editorial Ariel.

EL PODER DE LA PALABRA Y LA RESPONSABILIDAD DEL ESCRITOR

¿Por qué es tan importante la ética en la escritura? Porque tus palabras tienen el poder de influir, inspirar y hasta transformar. Al escribir, asumes una responsabilidad social que te obliga a asegurarte de que tu trabajo sea respetuoso con los demás, fiel a la verdad y en concordancia con los derechos de propiedad intelectual. El impacto de la escritura trasciende generaciones; por ello, es vital que cada autor entienda su papel en la promoción de una cultura literaria basada en la integridad, autenticidad y respeto.

Cada libro, artículo o publicación que creas no solo construye tu reputación como escritor, sino que también contribuye a un legado cultural más amplio. La ética en la escritura no se limita a evitar el plagio o respetar los derechos de autor; también abarca la veracidad en el contenido, el respeto por la diversidad de opiniones y la sensibilidad hacia los temas tratados.

LOS DESAFÍOS DE LA ERA DIGITAL

La era digital ha revolucionado la manera en que creamos, compartimos y consumimos contenido. Las herramientas digitales, desde las plataformas de autopublicación hasta las aplicaciones de inteligencia artificial, ofrecen un sinfín de posibilidades, pero también plantean nuevos dilemas éticos.

Por ejemplo, ¿cómo asegurar la originalidad en un entorno donde la copia y la reutilización de contenido son tan comunes? ¿Qué implica utilizar la inteligencia artificial para generar textos? ¿Cómo evitar la manipulación del contenido en una era de desinformación y "deepfakes" literarios?

Hoy en día, los escritores enfrentan retos que van más allá del simple acto de escribir. *"El escritor no solo tiene la responsabilidad de lo que escribe, sino también de lo que hace con su influencia; en un mundo saturado de información, ser ético es ser cuidadoso con las palabras que se eligen y con las verdades que se transmiten."* (Patterson, 2019, p. 34).[2]

La ética literaria en el contexto digital incluye aspectos como la privacidad del lector, el uso justo de recursos ajenos, la transparencia en la monetización de contenido y la responsabilidad de evitar la propagación de información falsa o dañina.

LO QUE APRENDERÁS EN ESTE LIBRO

A través de esta guía, aprenderás a:

a. **Comprender los fundamentos de la ética literaria:** Descubre cómo los principios éticos se aplican al mundo de la escritura, desde la integridad en la creación de contenido hasta la responsabilidad social del escritor.

b. **Proteger tus derechos de autor y respetar los de los demás:** Obtén una comprensión clara de los

---

[2] Patterson, J. (2019). *Ética y responsabilidad en la era digital*. New Press.

derechos de propiedad intelectual y cómo aplicarlos a tus obras.

c. **Utilizar de manera responsable las herramientas digitales:** Aprende a aprovechar las tecnologías emergentes sin comprometer tu integridad como escritor.

d. **Navegar por el complejo mundo de la publicación y distribución:** Desde la autopublicación hasta la colaboración con editoriales tradicionales, descubre cómo tomar decisiones informadas y éticas.

e. **Mantenerte actualizado sobre las últimas tendencias y desafíos éticos:** Explora temas como el uso de la inteligencia artificial, los NFTs en la literatura, y cómo las nuevas tecnologías están redefiniendo la creación literaria.

Esta guía está diseñada para escritores de todos los niveles, desde principiantes hasta autores experimentados. No importa si estás escribiendo una novela, un artículo o un blog, los principios éticos aquí presentados serán de gran utilidad para asegurar que tu trabajo sea respetuoso y sostenible en un entorno digital en constante cambio.

CÓMO UTILIZAR ESTA GUÍA

Te recomendamos que leas este libro de principio a fin para obtener una visión integral de los temas tratados.

Cada capítulo ha sido diseñado para proporcionar tanto una base teórica como herramientas prácticas que puedes aplicar inmediatamente en tu proceso creativo. Si en algún momento necesitas abordar un tema específico, puedes consultar los capítulos de manera independiente según tu interés o necesidad.

Al final de cada capítulo encontrarás:

> **Recursos adicionales:** Lecturas recomendadas, manuales y guías que complementarán tu comprensión.

> **Ejemplos prácticos y estudios de caso:** Casos reales y simulaciones que ilustran los desafíos éticos y cómo superarlos.

> **Checklist de buenas prácticas:** Listas de verificación que te ayudarán a evaluar si tu trabajo cumple con los estándares éticos establecidos.

Esta guía no es solo un manual de consulta, sino un compañero en tu camino hacia una escritura más ética y responsable. Queremos que veas la ética no como un obstáculo, sino como un aliado que puede potenciar tu creatividad y darle mayor profundidad y significado a tu trabajo.

UN LLAMADO A LOS ESCRITORES RESPONSABLES

En un mundo saturado de información, la ética en la escritura es más importante que nunca.

Te invitamos a sumergirte en este viaje hacia una práctica literaria más consciente, donde cada palabra cuenta y cada decisión ética fortalece tu voz como autor. Con este libro en mano, estarás equipado para enfrentar los desafíos de la escritura moderna y crear obras que no solo cautiven a tus lectores, sino que también reflejen tu compromiso con la integridad y la responsabilidad social.

¡Sumérgete en esta guía y transforma tu forma de escribir!

FUNDAMENTOS DE LA ÉTICA LITERARIA

¿QUÉ ES LA ÉTICA EN LA LITERATURA?

"*La literatura no es solo una forma de arte, sino también un acto ético: un compromiso con la verdad, la justicia y la humanidad. El escritor tiene la responsabilidad de ser fiel no solo a su imaginación, sino también a los principios éticos que guían la vida humana.*"[3]

Imagina que la literatura es un vasto jardín lleno de flores de todos los colores, formas y fragancias. Cada escritor es un jardinero que cultiva sus propias ideas y las comparte con el mundo. En este jardín, la ética es como un conjunto de reglas y principios que guían a cada jardinero a cuidar el entorno, respetar las plantas de otros y asegurarse de que este espacio sea bello y saludable para todos.

La ética en la literatura se centra en la responsabilidad del autor al momento de escribir. Implica ser honesto, respetuoso con las ideas ajenas, y consciente del impacto que sus palabras pueden tener en los lectores y en la sociedad en general.

Este enfoque no solo protege la integridad del autor, sino que también promueve un entorno literario más justo y enriquecedor.

---

[3] Sartre, J.-P. (1948). *¿Qué es la literatura?* Gallimard.

¿POR QUÉ ES IMPORTANTE LA ÉTICA EN LA CREACIÓN LITERARIA?

La ética en la escritura va más allá de evitar el plagio o proteger los derechos de autor; se trata de mantener un compromiso con la verdad, la equidad y el respeto hacia otros creadores. En un mundo donde la información fluye rápidamente y los contenidos pueden ser compartidos sin control, mantener altos estándares éticos es esencial para preservar la calidad y autenticidad de la literatura.

"La responsabilidad ética de un escritor consiste en ser veraz y honesto en su trabajo, ya que las palabras tienen el poder de influir en las creencias, actitudes y comportamientos de los lectores. Un escritor íntegro no solo informa, sino que también respeta la confianza depositada en él." [4] Escribir de manera ética no solo mejora la credibilidad del autor, sino que también construye una relación de confianza con los lectores, quienes confían en que el contenido que consumen es auténtico y respetuoso de las normas establecidas.

PRINCIPIOS BÁSICOS DE LA ÉTICA LITERARIA

1. **Honestidad**
   La honestidad es la base de cualquier obra literaria ética. Ser honesto implica no distorsionar los hechos, no inventar información falsa y no utilizar engaños para impresionar a los lectores. Un escritor ético debe ser veraz, tanto en la ficción como en la no ficción,

---

[4] Orwell, G. (1946). *Why I Write*. Penguin Books.

respetando la inteligencia y el derecho de sus lectores a conocer la verdad.

2. **Respeto**
   El respeto en la literatura incluye valorar el trabajo, las ideas y los derechos de otros autores. Esto se refleja en el uso correcto de citas, el reconocimiento de fuentes y la evitación de apropiarse del trabajo ajeno. La práctica del respeto fomenta una comunidad literaria donde se celebra la creatividad, la colaboración y el intercambio justo de ideas.

3. **Responsabilidad**
   Es crucial que los escritores sean conscientes de cómo sus palabras pueden influir en las emociones, pensamientos y acciones de los lectores. La responsabilidad literaria implica evaluar las posibles consecuencias de lo que se publica, especialmente cuando se abordan temas sensibles o se emiten opiniones fuertes.

DERECHOS DE AUTOR: PROTEGIENDO TU PROPIA VOZ CREATIVA

¿Qué son los derechos de autor?

"Los derechos de autor son el reconocimiento del esfuerzo creativo de un autor, garantizándole no solo la protección legal de su obra, sino también el control sobre su uso y distribución.

Es un medio para fomentar la innovación y la diversidad cultural, asegurando que los creadores sean justamente recompensados por su trabajo."[5]

Cuando creas un libro, un poema, un artículo o cualquier otro tipo de contenido literario, automáticamente obtienes derechos exclusivos sobre esa obra. Esto significa que tienes el control sobre cómo se utiliza tu trabajo y puedes decidir si otros pueden reproducir, distribuir o transformar tu creación.

Importancia de los derechos de autor:

➢ **Reconocimiento:** Aseguran que se te reconozca como el creador original.

➢ **Protección:** Impiden que otros usen tu trabajo sin tu autorización.

➢ **Beneficio económico:** Permiten que obtengas regalías y otros ingresos derivados de tu obra.

Cómo proteger tus derechos de autor:

➢ Registra tus obras en la oficina de derechos de autor correspondiente.

➢ Utiliza marcas de agua y licencias para proteger tus textos en plataformas digitales.

➢ Considera el uso de herramientas como blockchain para marcar la originalidad y fecha de creación de tus escritos.

---

[5] Lessig, L. (2004). *Free Culture: How Big Media Uses Technology and the Law to Lock Down Culture and Control Creativity*. Penguin Books.

EL PLAGIO: UNA AMENAZA PARA LA INTEGRIDAD LITERARIA

El plagio es uno de los mayores pecados en el ámbito literario. Es el acto de copiar el trabajo de otra persona y presentarlo como propio, lo que constituye un robo tanto ético como legal. *"No es solo un robo de palabras, sino también un robo de ideas, un acto que socava la confianza intelectual y traiciona el esfuerzo creativo del autor original. Es una violación tanto de la ética como de la ley, que empobrece el valor del verdadero trabajo creativo."*[6]

Consecuencias del plagio:

> **Pérdida de credibilidad:** Si un escritor es descubierto plagiando, su reputación puede quedar irremediablemente dañada.

> **Repercusiones legales:** Dependiendo del país, el plagio puede conllevar sanciones legales, incluidas multas y demandas judiciales.

> **Dañar a otros autores:** El plagio le roba el reconocimiento y la compensación a quienes merecen ser acreditados por su trabajo.

Formas de evitar el plagio:

> **Cita correctamente:** Utiliza sistemas de referencia como APA, MLA o Chicago para dar crédito a las fuentes originales.

---

[6] McKenzie, R. (2008). *The Ethics of Writing: Authorship and Plagiarism*. Oxford University Press.

> **Parafrasea con cuidado:** Asegúrate de que, al parafrasear, estás expresando las ideas de otros con tus propias palabras y comprensiones.

> **Utiliza herramientas antiplagio:** Herramientas como Turnitin, Grammarly, y Copyscape pueden ayudarte a detectar similitudes con otras obras y evitar plagiar involuntariamente.

PRINCIPIOS ÉTICOS APLICADOS A LA CREACIÓN DE CONTENIDO

"La ética en la escritura no solo radica en proteger tu propia voz, sino en respetar la de los demás, asegurando que cada creador tenga el espacio y el reconocimiento que merece. La justicia en el ámbito literario fomenta la innovación y la diversidad, creando un entorno en el que todos puedan aportar sin miedo a ser explotados." [7]

Aquí hay algunas recomendaciones para mantener altos estándares éticos en tu escritura:

> **Transparencia en la investigación:** Verifica que todas las fuentes utilizadas sean fiables y da crédito donde corresponda.

> **Inclusión y diversidad:** Esfuérzate por representar diversas perspectivas de manera justa y respetuosa.

> **Sensibilidad cultural:** Evita estereotipos y trata con cuidado los temas que puedan ser delicados para diferentes culturas y comunidades.

---

[7] Miller, J. (2011). *The Writer's Responsibility: Ethics and Authorship in the Modern World*. Harvard University Press.

Al final del día, la ética literaria se trata de escribir con integridad, respeto y responsabilidad. Estos principios no solo protegen al escritor, sino que también enriquecen el mundo literario al promover un espacio donde las ideas puedan florecer en su máxima expresión. A medida que continúas tu viaje en la escritura, recuerda que tus palabras tienen el poder de influir, inspirar y cambiar el mundo. Úsalas sabiamente.

En los próximos capítulos, exploraremos en mayor profundidad temas como los derechos de autor, la inteligencia artificial en la escritura, y los nuevos desafíos éticos que enfrentan los escritores en la era digital.

¡Prepárate para descubrir cómo estos conceptos pueden enriquecer tu práctica literaria y ayudarte a convertirte en un escritor ético y consciente!

DERECHOS DE AUTOR Y PROPIEDAD INTELECTUAL: PROTEGE TU CREACIÓN

¿QUÉ ES LA PROPIEDAD INTELECTUAL Y POR QUÉ ES IMPORTANTE?

Imagina que has trabajado arduamente en escribir una novela fascinante o en crear un poema inspirador. Estas creaciones son el reflejo de tu creatividad y esfuerzo, y naturalmente, querrás protegerlas para que nadie más se apropie de ellas sin tu permiso. Aquí es donde entra en juego la propiedad intelectual, un conjunto de leyes y derechos que actúan como un escudo para tus obras literarias, artísticas o científicas.

La propiedad intelectual asegura que tú, como creador, seas reconocido y recompensado por tus obras. Te otorga el derecho exclusivo de:

a. **Usar tu obra:** Tú decides cómo se publica, distribuye o adapta tu creación. Por ejemplo, puedes autorizar la traducción de tu novela a otro idioma o permitir su adaptación al cine.

b. **Copiar tu obra:** Nadie puede reproducir tu contenido sin tu autorización. Esto incluye hacer copias digitales, físicas o incluso derivar obras basadas en tu creación.

c. **Distribuir tu obra:** Tú controlas dónde y cómo se distribuye tu contenido, ya sea en plataformas digitales, librerías, bibliotecas, etc.

"*Proteger los derechos de autor no es solo una cuestión de evitar el robo intelectual; es también un acto de justicia hacia el creador, asegurando que reciba tanto el reconocimiento como la compensación económica que merece por su esfuerzo y creatividad.*"[8]

DERECHOS DE AUTOR, MARCAS REGISTRADAS Y PATENTES: ¿CUÁL ES LA DIFERENCIA?

En el mundo de la propiedad intelectual, existen diferentes categorías diseñadas para proteger distintos tipos de creaciones:

a. **Derechos de autor:** Protegen las obras originales de autoría, como libros, artículos, canciones, películas, y programas de software. Los derechos de autor se adquieren automáticamente al momento de crear la obra, lo que significa que no necesitas realizar un trámite formal para obtenerlos. Sin embargo, registrarlos puede ofrecerte beneficios adicionales, como mayor protección en caso de disputas legales.

b. **Marcas registradas:** Protegen los nombres, logotipos, eslóganes y otros elementos que identifican a un producto o servicio en el mercado. Las marcas registradas son esenciales para empresas y autores que buscan proteger

---

[8] Rosen, L. (2008). *Copyright's Impact on Creativity: Intellectual Property in the Digital Age.* University of California Press.

sus nombres de marca y evitar que otros los utilicen sin autorización.

c. **Patentes:** Protegen invenciones y descubrimientos técnicos, otorgando al inventor derechos exclusivos sobre su creación por un período determinado. Las patentes suelen aplicarse a productos, procesos y tecnologías innovadoras.

LICENCIAS Y PERMISOS: COMPARTE TU TRABAJO DE MANERA ÉTICA

No siempre es necesario mantener todos los derechos exclusivos sobre tu obra. En algunos casos, puedes optar por compartir tu creación bajo ciertos términos y condiciones utilizando licencias. Esto te permite dar permiso a otros para utilizar tu trabajo de manera ética, mientras mantienes el control sobre cómo se usa.

a. **Creative Commons:** Una de las opciones más populares para compartir obras. Estas licencias son flexibles y permiten a los creadores definir qué derechos se reservan y cuáles se otorgan al público. Por ejemplo, puedes permitir el uso de tu obra siempre y cuando te den crédito (atribución), o prohibir su uso comercial.

b. **Uso justo (Fair Use):** Un principio legal que permite el uso limitado de obras protegidas sin necesidad de permiso del titular de los derechos. Esto suele aplicarse en casos de crítica, comentario, parodia, informes de noticias, investigación académica, y enseñanza. Es importante entender las limitaciones del uso justo, ya que un mal uso puede resultar en infracción de derechos de autor.

c. **Dominio público:** Obras cuyos derechos de autor han expirado o nunca estuvieron protegidos, y que pueden ser utilizadas libremente por cualquier persona. Muchas obras clásicas, como las novelas de Charles Dickens o los poemas de Emily Dickinson, están en el dominio público.

REGISTRA TU OBRA: ¡UN SEGURO EXTRA!

"Aunque la protección de derechos de autor se otorga automáticamente al crear una obra original, registrarla formalmente proporciona una capa adicional de seguridad legal. Esto no solo facilita la protección de tus derechos, sino que también fortalece tu capacidad para reclamar y defender tus intereses en caso de disputas,"[9] lo que te brinda ventajas adicionales:

a. **Prueba de autoría:** El registro oficial de una obra sirve como prueba de que tú eres el creador original, lo cual puede ser crucial en caso de disputas legales.

b. **Mayor protección legal:** En muchos países, registrar tu obra te otorga derechos adicionales, como la posibilidad de demandar por daños en caso de infracción y, en algunos casos, recibir indemnizaciones más altas.

---

[9] Fishman, S. (2022). *The Copyright Handbook: What Every Writer Needs to Know.* Nolo Press.

c. **Disuasión del plagio**: La simple existencia de un registro público de tu obra puede desalentar a otros de copiar tu trabajo sin permiso, ya que demuestra que estás dispuesto a proteger tus derechos.

¿CÓMO REGISTRAR TU OBRA?

El proceso de registro de una obra puede variar según el país, pero generalmente implica los siguientes pasos:

1. **Completa un formulario de solicitud:** Dependiendo del tipo de obra (literaria, musical, audiovisual, etc.), deberás llenar un formulario específico.

2. **Paga una tarifa de registro:** En la mayoría de los casos, hay un costo asociado con el registro de derechos de autor. Este costo varía según el país y el tipo de obra.

3. **Entrega una copia de tu obra:** Deberás proporcionar una copia de tu obra a la oficina de derechos de autor, ya sea en formato físico o digital.

4. **Recibe el certificado de registro:** Una vez completado el proceso, recibirás un certificado oficial que confirma que tu obra está registrada y protegida por derechos de autor.

La propiedad intelectual es una herramienta esencial para proteger tus creaciones literarias y asegurarte de que recibas el reconocimiento y los beneficios que mereces.

Al comprender los conceptos básicos de derechos de autor, marcas registradas y patentes, y al utilizar las licencias adecuadas, puedes compartir tu trabajo de manera ética y proteger tus derechos como autor.

¿Te gustaría profundizar en cómo utilizar herramientas digitales para proteger tus obras? ¡Continúa leyendo el próximo capítulo, donde exploraremos el uso ético de recursos en la creación literaria!

CONSTRUYENDO SOBRE LOS HOMBROS DE GIGANTES: EL USO ÉTICO DE RECURSOS EN LA CREACIÓN LITERARIA

En este capítulo, vamos a sumergirnos en el arte de construir tu propia obra literaria a partir de las creaciones de otros, pero siempre de manera ética y respetuosa. Piensa en el proceso creativo como si estuvieras edificando una casa: necesitas materiales como ladrillos, madera y otros elementos para levantarla. De igual forma, al escribir, te nutres de ideas, conceptos, y a veces hasta frases que han sido forjadas por otros autores a lo largo del tiempo. Pero, al igual que no puedes tomar los ladrillos de la casa de tu vecino sin permiso, tampoco puedes apropiarte de las ideas ajenas sin reconocer su origen. La clave está en construir sobre los hombros de gigantes, reconociendo y respetando siempre su contribución.

USO DE TEXTOS Y CITAS DE OTROS AUTORES

"Tomar prestadas ideas de otros y construir sobre ellas es una práctica fundamental en la creación literaria. Sin embargo, la clave está en hacerlo con integridad, dando crédito a las fuentes originales y transformando esas influencias en algo genuinamente propio."[10] Aquí te explicamos cómo hacerlo correctamente:

---

[10] Bloom, H. (1997). *The Anxiety of Influence: A Theory of Poetry*. Oxford University Press.

1. **¿Cómo Citar Adecuadamente y Evitar el Plagio?** *"El plagio es, en esencia, una forma de robo intelectual. Al apropiarse de las ideas o palabras de otro sin dar crédito, no solo se comete una falta ética, sino que también se infringe la ley, atentando contra los derechos del verdadero autor."*[11] Para evitar caer en esta trampa, sigue estas directrices:

    ✓ **Cita tus Fuentes:** Cada vez que uses una idea, teoría o frase que no te pertenece, debes indicar claramente de dónde proviene. Hay varios estilos de citación reconocidos internacionalmente, como APA, MLA y Chicago. Elige uno y aplícalo de forma consistente en tu obra.

    ✓ **Parafrasea con Propiedad:** A veces, en lugar de citar directamente, puedes optar por expresar la idea de otro autor con tus propias palabras. Para hacerlo de manera correcta, asegúrate de no solo cambiar algunas palabras, sino de reestructurar completamente la oración, aportando tu propio enfoque.

    ✓ **Usa Comillas para Citas Directas:** Si decides incluir una frase exacta de otro autor, es imprescindible que la encierres entre comillas y cites la fuente inmediatamente después.

---

[11] Posner, R. A. (2007). *The Little Book of Plagiarism*. Pantheon Books.

2. **Entendiendo el Uso Justo (Fair Use)** *"El principio de 'uso justo' permite a los creadores y académicos utilizar material protegido por derechos de autor de manera limitada y sin permiso, siempre que el propósito sea legítimo, como crítica, comentario, enseñanza o investigación, fomentando así un equilibrio entre el interés público y los derechos de los autores" (Stim, 2014, p. 47)*[12]. Pero cuidado: hay límites y condiciones que debes cumplir.

- ✓ **Propósito y Naturaleza del Uso:** El uso debe tener un propósito transformativo, añadiendo un nuevo significado o valor a la obra original. Simplemente copiar y pegar no se considera uso justo.

- ✓ **Proporción Utilizada:** Asegúrate de que el fragmento utilizado sea razonable en relación con la longitud total de la obra original. Utilizar una parte sustancial, aunque sea pequeña en extensión, puede ser considerado una infracción.

- ✓ **Impacto en el Mercado**: Evalúa si tu uso puede afectar negativamente el mercado o el valor de la obra original. Si tu uso reemplaza la necesidad de la obra original, es poco probable que sea considerado uso justo.

---

[12] Stim, R. (2014). *Getting Permission: How to License & Clear Copyrighted Materials Online & Off*. Nolo Press.

USO DE IMÁGENES EN LIBROS Y PUBLICACIONES

La inclusión de imágenes puede enriquecer visualmente tu libro, pero también plantea desafíos éticos y legales. Aquí te explicamos cómo proceder correctamente:

1. **Bancos de Imágenes: Gratuitos vs. de Pago**
   Hay un gran número de plataformas donde puedes encontrar imágenes para ilustrar tus publicaciones. Sin embargo, cada una tiene sus propias reglas:
   - ✓ **Imágenes Gratuitas:** Páginas como Unsplash y Pexels ofrecen imágenes libres de uso, pero suelen requerir atribución al autor. Asegúrate de leer los términos de uso antes de incorporar cualquier imagen.

   - ✓ **Imágenes de Pago:** Bancos de imágenes como Shutterstock y Adobe Stock te permiten adquirir licencias más flexibles que eliminan ciertas restricciones, dándote mayor libertad para usar y modificar las imágenes en tus proyectos.

2. **Derechos de Uso y Atribuciones**
   Cada imagen viene con una licencia que dicta cómo puedes utilizarla. Algunas licencias permiten modificaciones, mientras que otras te prohíben alterar la imagen original. Además, muchas veces debes dar crédito al autor, lo que se conoce como atribución.

- ✓ **Creative Commons:** Estas licencias son populares porque permiten a los autores compartir sus trabajos con condiciones específicas. Por ejemplo, puedes usar imágenes con una licencia CC-BY siempre que menciones al autor.

INCORPORACIÓN DE MÚSICA Y VIDEOS EN PROYECTOS LITERARIOS

En la era digital, muchos escritores están explorando la creación de libros multimedia que incluyen música y videos. Pero esto también conlleva la necesidad de obtener permisos adecuados:

1. **Derechos de Sincronización y de Performance** Cuando quieres utilizar música en un video que acompaña tu obra literaria o en un audiolibro, necesitas considerar dos tipos de derechos:

    - ✓ **Derecho de Sincronización:** Se refiere al uso de una grabación musical específica en un contexto audiovisual. Necesitarás obtener un permiso del titular de los derechos de la grabación.

    - ✓ **Derecho de Performance:** Implica el permiso para interpretar públicamente una obra musical, ya sea en un evento en vivo, una transmisión por internet o un podcast.

CONSEJOS PRÁCTICOS PARA PROTEGERTE LEGALMENTE

- ➢ **Consulta con un Abogado:** Si tienes dudas sobre los derechos de autor o los permisos necesarios, es mejor buscar asesoría legal.
- ➢ **Documenta Todo:** Guarda copias de correos electrónicos, contratos y licencias que obtengas para el uso de materiales protegidos. Esto puede servirte como prueba en caso de disputas legales.
- ➢ **Sé Ético en tu Aproximación:** Más allá de las implicaciones legales, construir tu obra con integridad refuerza tu reputación como autor.

En resumen, construir sobre las obras de otros no solo es una forma poderosa de enriquecer tu propio trabajo, sino que también te conecta con una tradición literaria más amplia. Al citar correctamente, respetar las licencias y entender los límites del uso justo, no solo protegerás tu integridad como autor, sino que también honrarás a aquellos que te han inspirado.

¿Listo para aprender sobre cómo proteger tu obra con herramientas digitales y nuevas tecnologías? ¡Continúa leyendo en el próximo capítulo!

LA INTELIGENCIA ARTIFICIAL Y LA ÉTICA EN LA ESCRITURA: UN NUEVO PARADIGMA

La inteligencia artificial (IA) ha irrumpido en nuestras vidas de manera vertiginosa, transformando la forma en que trabajamos, nos comunicamos y creamos. En el ámbito literario, su influencia es cada vez más evidente, ya que herramientas avanzadas como ChatGPT y Bard están revolucionando la manera en que concebimos, producimos y perfeccionamos textos. Sin embargo, este avance tecnológico plantea una serie de desafíos éticos que los escritores no pueden ignorar.

En este capítulo, exploraremos cómo la IA está impactando la creación literaria y cuáles son las consideraciones éticas esenciales que los escritores deben tener en cuenta para utilizar estas herramientas de manera responsable.

HERRAMIENTAS DE IA EN LA CREACIÓN LITERARIA

"La inteligencia artificial no reemplaza la creatividad humana, sino que la amplifica, proporcionando herramientas que potencian la eficiencia y permiten a los escritores explorar nuevas fronteras en su proceso creativo" (Marcus, 2020, p. 153)[13].

---

[13] Marcus, G. (2020). *Rebooting AI: Building Artificial Intelligence We Can Trust.* Pantheon Books.

La IA nos ofrece una amplia gama de herramientas que pueden potenciar nuestra creatividad y eficiencia en el proceso de escritura. Entre las aplicaciones más destacadas se encuentran:

a. **Generación de Textos:** Programas como ChatGPT pueden generar textos originales a partir de indicaciones específicas del usuario. Esto es especialmente útil para superar el bloqueo creativo, explorar nuevas ideas o incluso realizar borradores rápidos que luego pueden ser pulidos por el autor. No obstante, es crucial reconocer la autoría y el origen de las ideas generadas por estas herramientas para evitar dilemas éticos.

b. **Edición y Corrección de Estilo:** Las herramientas de IA pueden analizar nuestros escritos y sugerir mejoras en la gramática, el estilo y la claridad, optimizando el flujo y la coherencia del texto. Además, algunos algoritmos avanzados pueden identificar inconsistencias en la narrativa, ayudando a los autores a refinar sus manuscritos con mayor precisión.

c. **Análisis de Sentimientos y Tono:** La IA también puede evaluar el tono emocional de un texto, lo que permite a los autores ajustar su escritura para lograr el impacto deseado en sus lectores. Esta tecnología es particularmente útil en la redacción de novelas, guiones y contenido que busca una respuesta emocional específica del público.

RIESGOS ÉTICOS Y CÓMO MITIGARLOS

Aunque la IA presenta numerosas ventajas, también trae consigo ciertos riesgos éticos que no deben ser pasados por alto:

a. **Plagio Involuntario:** Al utilizar la IA para generar ideas o frases, existe el peligro de que el contenido producido sea similar a obras ya existentes. Esto puede llevar a acusaciones de plagio, incluso si el usuario no tenía la intención de copiar el trabajo de otros.

   Mitigación:

   ✓ **Citación y Atribución:** Cuando se emplean ideas o fragmentos generados por IA, es esencial citar la fuente o reconocer el uso de herramientas tecnológicas en la creación del texto.

   ✓ **Verificación de Originalidad:** Utilizar herramientas de detección de plagio para asegurarse de que el contenido generado sea realmente único.

b. **Falta de Originalidad y Dependencia:** La dependencia excesiva de la IA para la generación de contenido puede llevar a una pérdida de la voz propia del autor. Esto puede resultar en textos homogéneos y despersonalizados, afectando la autenticidad de la obra.

   Mitigación:

- ✓ **Edición Humana:** Utilizar la IA como un apoyo en el proceso creativo, pero no como un sustituto de la creatividad humana. El toque personal del escritor sigue siendo insustituible.
- ✓ **Límites en el Uso:** Establecer límites claros sobre el uso de la IA para fomentar el desarrollo de ideas originales.

c. **Sesgos Algorítmicos:** Los algoritmos de IA pueden reflejar los sesgos presentes en los datos con los que fueron entrenados. Esto puede llevar a la perpetuación de estereotipos y a la falta de diversidad en el contenido literario generado por estas herramientas.

Mitigación:

- ✓ **Diversidad en los Datos de Entrenamiento:** Los desarrolladores deben asegurarse de que los datos utilizados para entrenar los algoritmos sean diversos y representativos de distintas culturas, géneros y perspectivas.
- ✓ **Evaluación Crítica:** Los escritores deben cuestionar y revisar críticamente los resultados generados por la IA para detectar posibles sesgos.

DEEPFAKES LITERARIOS Y LA AUTENTICIDAD DEL AUTOR

El concepto de deepfakes no se limita a imágenes y videos; también se extiende al ámbito literario. Con la IA, es posible replicar el estilo de escritura de un autor, lo que puede llevar a la creación de obras falsas atribuidas a autores reconocidos. Esto plantea serias preocupaciones sobre la autenticidad y la propiedad intelectual.

Medidas de Protección:

> **Marcas de Agua Digitales:** Incorporar marcas de agua invisibles en los textos para verificar su autenticidad y proteger la autoría.

> **Tecnología Blockchain:** Utilizar blockchain para registrar la creación y autoría de obras literarias, ofreciendo un registro inmutable que demuestre la propiedad intelectual.

DIRECTRICES PARA EL USO RESPONSABLE DE LA IA EN LA ESCRITURA

Para aprovechar las ventajas de la IA sin comprometer la ética, es crucial seguir ciertas directrices:

1. **Transparencia:** Sea claro sobre el uso de la IA en el proceso de creación. Informar a los lectores si se ha utilizado IA para generar parte del contenido, ya sea en la escritura, edición o investigación.

2. **La IA como Herramienta, no como Sustituto:** Utilice la IA para complementar la creatividad

humana, no para reemplazarla. El objetivo es mejorar el proceso creativo, no delegar por completo la responsabilidad de la escritura.

3. **Ética y Responsabilidad:** Asegúrese de que el uso de la IA sea respetuoso con los derechos de autor y las normativas legales. Evite la explotación de herramientas de IA para prácticas engañosas o deshonestas.

4. **Fomento de la Diversidad:** Promueva la inclusión y la diversidad en los datos de entrenamiento de las herramientas de IA, y busque resultados que reflejen una variedad de perspectivas y experiencias humanas.

En resumen, la inteligencia artificial ofrece un vasto potencial para enriquecer el proceso creativo, pero su uso en la literatura viene acompañado de desafíos éticos significativos. Como escritores, debemos ser conscientes de estos desafíos y asumir un papel activo en la definición de un marco ético para la creación literaria en la era digital. Al adoptar un enfoque responsable y transparente, podemos aprovechar el poder de la IA para innovar sin comprometer nuestra integridad ni la autenticidad de nuestras obras.

¿Listo para descubrir cómo autopublicar tu obra de manera ética y responsable? ¡Acompáñanos en el próximo capítulo!

PUBLICACIÓN Y DISTRIBUCIÓN ÉTICA: LLEVANDO TU OBRA AL MUNDO

¡Has creado una obra maestra! Ahora es el momento de compartirla con el mundo. Pero, ¿cómo hacerlo de manera ética y responsable? La publicación y distribución de tu libro no solo es un paso fundamental en tu carrera como escritor, sino también una oportunidad para demostrar tu compromiso con la integridad y la transparencia. En este capítulo, exploraremos las diferentes opciones para llevar tu obra al mercado, así como los desafíos éticos que pueden surgir en este proceso.

AUTOPUBLICACIÓN VS. EDITORIALES TRADICIONALES: ¿CUÁL ELEGIR?

Decidir entre la autopublicación y la publicación tradicional es una de las primeras decisiones que enfrentarás. Ambas opciones tienen sus propias ventajas y desafíos, y la elección dependerá de tus objetivos, recursos y valores personales.

1. **Autopublicación**
   La autopublicación ha ganado popularidad en la última década, ofreciendo a los escritores un control sin precedentes sobre su obra. Sin embargo, con este control también vienen responsabilidades adicionales.

   a. **Pros:**

- ✓ **Mayor control creativo:** Eres libre de tomar decisiones sobre el contenido, la portada, el diseño y el precio.
- ✓ **Porcentaje de regalías más alto:** Puedes obtener hasta el 70-80% de regalías en plataformas como Amazon Kindle Direct Publishing.
- ✓ **Rapidez en la publicación:** Puedes llevar tu libro al mercado en cuestión de días.

b. **Contras:**

- ✓ **Mayor inversión inicial:** Necesitas cubrir los costos de edición, diseño, y marketing.
- ✓ **Responsabilidad total en promoción y distribución:** Eres responsable de todas las estrategias de marketing para alcanzar a tu audiencia.
- ✓ **Menor visibilidad en librerías físicas:** Las librerías tradicionales tienden a priorizar los libros de editoriales reconocidas.

2. **Editoriales Tradicionales**

Publicar a través de una editorial tradicional sigue siendo un camino deseado por muchos escritores debido a su prestigio y alcance.

a. **Pros:**

- ✓ **Reconocimiento y credibilidad:** Asociar tu obra con una editorial establecida puede abrirte puertas a premios literarios y reseñas en medios importantes.

- ✓ **Apoyo integral:** Las editoriales ofrecen servicios de edición, diseño, marketing y distribución.

- ✓ **Acceso a canales de distribución tradicionales:** Las editoriales tienen acuerdos con librerías y distribuidores que pueden llevar tu libro a un público más amplio.

b. **Contras:**

- ✓ **Menor control creativo:** Las editoriales pueden exigir cambios significativos en tu obra.

- ✓ **Menor porcentaje de regalías:** Las regalías suelen oscilar entre el 8% y el 15%, dependiendo del contrato.

- ✓ **Procesos más largos:** Desde la firma del contrato hasta la publicación, el proceso puede tardar de 12 a 24 meses.

¿Cuál es la opción más ética?

Ambas opciones pueden ser éticas, siempre y cuando actúes con transparencia y honestidad. Si optas por la autopublicación, asegúrate de ofrecer un producto de calidad; si eliges una editorial, revisa detalladamente los términos del contrato para proteger tus derechos como autor.

MARKETING LITERARIO ÉTICO: PROMOVIENDO TU OBRA SIN ENGAÑAR

"La promoción efectiva es crucial para que un libro llegue a su audiencia, pero en el esfuerzo por sobresalir en un mercado competitivo, los autores y editores deben evitar tácticas engañosas que comprometan su integridad y la confianza de sus lectores" (Fraser, 2018, p. 89)[14]. Aquí te damos algunos consejos para asegurar que tu estrategia de marketing sea tanto efectiva como ética:

> ➢ **Evita las falsas reseñas:** Comprar reseñas o incentivar a amigos y familiares para que escriban críticas excesivamente positivas puede dañar tu credibilidad a largo plazo.

> ➢ **No exageres en tus promesas:** Asegúrate de que las afirmaciones sobre tu libro (como "la mejor novela del año" o "un cambio de vida garantizado") sean realistas y honestas.

> ➢ **Evita el spam:** No envíes correos masivos no solicitados ni inunde redes sociales con promociones invasivas. Opta por estrategias más orgánicas, como la creación de contenido de

---

[14] Fraser, R. (2018). *Ethical Marketing for Authors: Building Trust in the Digital Age*. Routledge.

valor o la participación en comunidades literarias.

USO DE RESEÑAS Y TESTIMONIOS: INTEGRIDAD Y TRANSPARENCIA

Las reseñas y testimonios juegan un papel crucial en el éxito de tu libro. Sin embargo, es fundamental que mantengas la integridad y transparencia en la forma en que las obtienes y presentas.

> ➤ **Solicita reseñas auténticas:** Pide a tus lectores que compartan su opinión sincera, ya sea positiva o negativa. Esto no solo construye confianza, sino que también proporciona feedback valioso para mejorar tu obra.

> ➤ **No edites las reseñas:** Resiste la tentación de modificar las opiniones para hacerlas más favorables. La autenticidad es clave para establecer una relación honesta con tu audiencia.

> ➤ **Sé transparente sobre los ejemplares de cortesía:** Si ofreces un libro gratuito a cambio de una reseña, asegúrate de que el revisor lo declare explícitamente en su comentario.

PLATAFORMAS DE DISTRIBUCIÓN: DERECHOS Y OBLIGACIONES

Existen numerosas plataformas digitales para la distribución de libros, como Amazon Kindle, Barnes & Noble, Apple Books, y Kobo. Cada una de ellas tiene sus propios términos y condiciones que debes conocer para proteger tus derechos como autor.

➢ **Derechos de autor:** Asegúrate de que la plataforma no requiera exclusividad si prefieres vender en varios canales. Mantén siempre los derechos de tu obra a menos que estés dispuesto a cederlos.

➢ **Términos y condiciones:** Lee detenidamente las políticas de cada plataforma para comprender cómo se manejarán tus regalías, qué derechos estás cediendo y qué obligaciones estás adquiriendo.

➢ **Pagos y regalías:** Infórmate sobre la periodicidad de los pagos y el porcentaje que recibirás por cada venta. Algunas plataformas pueden retener un porcentaje significativo como comisión.

RESPONSABILIDAD SOCIAL Y EL FUTURO DE LA PUBLICACIÓN ÉTICA

"Publicar con integridad no solo fortalece la reputación del autor, sino que también promueve un entorno literario equitativo y sostenible, en el que todos los participantes del ecosistema creativo se benefician de manera justa" (Anderson, 2016, p. 134)[15]. Considera las siguientes acciones para promover la responsabilidad social:

➢ **Donaciones y proyectos solidarios:** Destina un porcentaje de tus ventas a organizaciones que promuevan la alfabetización o la educación.

---

[15] Anderson, C. (2016). *The Ethical Author: Building Trust and Fairness in Publishing.* Palgrave Macmillan.

- ➢ **Inclusión y diversidad:** Asegúrate de que tus personajes y narrativas reflejen la diversidad cultural y social.

- ➢ **Sostenibilidad:** Si optas por la impresión física, considera utilizar papel reciclado o servicios de impresión bajo demanda para reducir el desperdicio.

En resumen, la publicación y distribución de tu libro es un proceso emocionante que conlleva una gran responsabilidad. Al tomar decisiones éticas en cada etapa, estarás construyendo no solo una carrera literaria exitosa, sino también una comunidad de lectores que confía en tu integridad.

¿Listo para descubrir las nuevas tecnologías que están revolucionando el mundo editorial? ¡Continúa leyendo en el próximo capítulo sobre *Nuevas Tecnologías y Desafíos Éticos Emergentes*!

EL FUTURO DE LA LITERATURA: NUEVAS TECNOLOGÍAS Y DESAFÍOS ÉTICOS

El mundo de la literatura está experimentando una transformación sin precedentes gracias a la innovación tecnológica. Desde la aparición de los libros electrónicos hasta el uso de la inteligencia artificial para la creación de contenidos, la tecnología ha abierto nuevas puertas para escritores y lectores por igual. Sin embargo, con estas oportunidades surgen también dilemas éticos que no podemos ignorar. En este capítulo, exploraremos cómo las nuevas tecnologías están revolucionando el panorama literario y qué desafíos éticos debemos considerar para mantener la integridad en la creación literaria.

BLOCKCHAIN Y DERECHOS DE AUTOR: NUEVAS OPORTUNIDADES PARA PROTEGER TUS OBRAS

La tecnología blockchain, conocida principalmente por su uso en criptomonedas, está emergiendo como una herramienta poderosa para proteger la propiedad intelectual. Al utilizar registros descentralizados e inmutables, los autores pueden registrar sus obras de manera segura, estableciendo un rastro digital que demuestra su autoría y fecha de creación. Esto no solo reduce el riesgo de plagio, sino que también facilita la venta y cesión de derechos de una manera más transparente y eficiente.

Ventajas del uso de blockchain para autores:

➢ **Certificación de autoría:** Permite registrar el trabajo de manera instantánea, creando un certificado digital que prueba que eres el creador original.

➢ **Protección contra infracciones:** Facilita la detección y persecución de usos no autorizados.

➢ **Transparencia en las regalías:** Ofrece una trazabilidad clara en el pago de regalías, asegurando que los autores reciban la compensación justa.

Sin embargo, la adopción de blockchain también plantea preguntas sobre el impacto ambiental de esta tecnología, dado su alto consumo energético, y sobre cómo regular su uso en el ámbito literario.

NFTS Y OBRAS LITERARIAS: REDEFINIENDO EL VALOR DEL CONTENIDO DIGITAL

Los tokens no fungibles (NFTs) han revolucionado la forma en que los artistas digitales monetizan su trabajo. Pero, ¿cómo se aplican estos conceptos al mundo literario? Los NFTs permiten a los escritores tokenizar sus obras, transformándolas en activos digitales únicos que pueden ser comprados, vendidos e intercambiados en plataformas especializadas.

Beneficios potenciales para escritores:

➢ **Venta directa:** Los autores pueden vender sus obras directamente a sus lectores sin necesidad de intermediarios, como editoriales o distribuidores.

➢ **Regalías perpetuas:** Los escritores pueden programar sus NFTs para recibir un porcentaje de cada venta secundaria, asegurando ingresos continuos cada vez que la obra cambie de manos.

➢ **Nuevas formas de interacción:** Los NFTs permiten a los autores incluir contenido exclusivo o experiencias personalizadas para los compradores, como lecturas privadas o borradores inéditos.

No obstante, el uso de NFTs en la literatura plantea desafíos éticos sobre la exclusividad del acceso, ya que podría limitar el acceso a la cultura a aquellos que puedan permitirse estos activos digitales.

EL METAVERSO Y LA LITERATURA: EXPLORANDO NUEVAS DIMENSIONES CREATIVAS

El metaverso es un universo digital en el que los usuarios pueden interactuar en un entorno tridimensional compartido. Este espacio ofrece a los escritores la posibilidad de expandir sus narrativas más allá de las páginas, creando mundos literarios interactivos que los lectores pueden explorar en primera persona.

Posibilidades para los escritores en el metaverso:

➢ **Creación de experiencias inmersivas:** Los autores pueden diseñar entornos virtuales donde los lectores interactúan con personajes y escenarios, enriqueciendo la experiencia de lectura.

➢ **Narrativas no lineales:** Permite la creación de historias que los lectores pueden explorar en diferentes direcciones, eligiendo su propio camino.

➢ **Eventos en vivo:** Los escritores pueden organizar presentaciones virtuales, lecturas y firmas de libros en tiempo real.

Sin embargo, el metaverso plantea interrogantes éticos sobre la privacidad y la propiedad de los datos, así como sobre el control del contenido en estos espacios digitales. Además, la monetización y propiedad de estos mundos pueden dar lugar a nuevos conflictos de derechos de autor.

REALIDAD AUMENTADA Y REALIDAD VIRTUAL: INNOVACIÓN EN LA NARRATIVA

Las tecnologías de realidad aumentada (RA) y realidad virtual (RV) están llevando la narrativa literaria a nuevas fronteras, permitiendo a los escritores crear historias interactivas que trascienden las palabras impresas. A través de la RA, los autores pueden superponer elementos visuales y sonoros en el entorno físico del lector, mientras que la RV sumerge completamente al usuario en un mundo digital.

Aplicaciones de RA y RV en la literatura:

> **Libros interactivos:** Imágenes, sonidos y animaciones que se activan mediante aplicaciones móviles para complementar la narrativa.

> **Entornos inmersivos:** Permiten a los lectores "entrar" en la historia y experimentar el relato de manera envolvente.

> **Gamificación de la lectura:** Los escritores pueden incorporar elementos de juego para aumentar la participación y el compromiso del lector.

No obstante, estas tecnologías también pueden ser costosas y requieren inversión en desarrollo y conocimientos técnicos, lo que podría limitar su accesibilidad tanto para los autores como para los lectores.

REFLEXIONES ÉTICAS PARA LA ERA DIGITAL: BALANCE ENTRE INNOVACIÓN Y RESPONSABILIDAD

Las nuevas tecnologías están redefiniendo lo que significa ser un escritor en el siglo XXI. Sin embargo, al adoptar estas innovaciones, es fundamental que los autores se guíen por un código ético que priorice la autenticidad, la transparencia y el respeto por los derechos de los demás. Al adoptar un enfoque responsable, los escritores pueden aprovechar las oportunidades que la tecnología ofrece, al tiempo que mitigan los riesgos éticos.

Consideraciones éticas clave:

➢ **Respeto por la privacidad:** Proteger la información personal de los lectores al interactuar en plataformas digitales.

➢ **Autenticidad en la creación:** Asegurar que las obras sean originales, incluso cuando se utilizan herramientas como la IA.

➢ **Acceso equitativo a la cultura:** Promover la democratización del acceso a las nuevas experiencias literarias, evitando la exclusión digital.

¿Estás preparado para explorar estas nuevas fronteras? Las tecnologías emergentes están redefiniendo la relación entre el escritor y su audiencia, y al comprender los desafíos y las oportunidades, puedes posicionarte a la vanguardia de la creación literaria.

En el próximo capítulo, te guiaremos a través de casos prácticos y buenas prácticas que te ayudarán a navegar este emocionante, pero complejo, panorama literario. ¡No te lo pierdas!

CASOS PRÁCTICOS Y BUENAS PRÁCTICAS: NAVEGANDO LA ÉTICA EN LA LITERATURA

¡Felicidades por llegar hasta aquí! Este capítulo es el espacio donde aplicaremos todo lo aprendido hasta ahora sobre ética en la creación literaria. Veremos cómo se ponen en práctica los principios éticos en el mundo real, examinando tanto éxitos como desafíos en el ámbito literario. Estos casos te proporcionarán herramientas para navegar con integridad en tu propio camino como escritor.

ESTUDIOS DE CASO: INFRACCIÓN DE DERECHOS DE AUTOR EN LA ERA DIGITAL

El entorno digital ha revolucionado la forma en que creamos y compartimos contenido, pero también ha facilitado el aumento de infracciones a los derechos de autor. Vamos a explorar algunos ejemplos reales para entender los riesgos y cómo evitarlos:

CASO 1 - ESTUDIO DE CASO: Plagio en Obras Literarias – *The Woman in the Window* **de A. J. Finn**

Contexto del Caso: *The Woman in the Window*, una novela de suspense psicológico escrita por A. J. Finn (seudónimo de Daniel Mallory), fue publicada en 2018 y se convirtió rápidamente en un éxito de ventas, siendo adaptada a una película en 2021.

Sin embargo, la obra generó controversia cuando críticos literarios y lectores comenzaron a notar similitudes significativas con otros títulos del género, como *Saving April* de Sarah A. Denzil y el clásico *La ventana indiscreta* de Cornell Woolrich. Estas similitudes llevaron a acusaciones públicas de plagio, lo que dañó la reputación de Mallory como autor y puso en duda la originalidad de su obra.

Problema Central

El dilema ético principal giró en torno a las acusaciones de plagio, particularmente respecto a la trama, personajes y elementos narrativos de *Saving April*. Denzil y otros críticos señalaron que *The Woman in the Window* replicaba casi literalmente el arco narrativo de su libro, publicado dos años antes. Aunque Mallory negó las acusaciones, el caso reabrió debates sobre los límites entre la inspiración literaria y el plagio directo. Además, las revelaciones posteriores sobre el historial profesional del autor, incluyendo alegaciones de comportamiento poco ético, amplificaron la controversia.

Soluciones Implementadas

Mallory y su equipo editorial negaron categóricamente las acusaciones de plagio y no ofrecieron una disculpa pública ni una explicación detallada sobre las similitudes señaladas. No se emprendieron acciones legales formales por parte de Sarah A. Denzil, pero la falta de medidas concretas dejó el caso sin resolver en términos legales.

El enfoque del autor y su editorial fue minimizar el impacto mediático y continuar con la promoción de la novela y sus adaptaciones cinematográficas.

Resultados

Las consecuencias del caso fueron mixtas:

> **Negativas**: La reputación de A. J. Finn sufrió un daño significativo, afectando su credibilidad como escritor. Los medios comenzaron a investigar su trayectoria profesional, descubriendo inconsistencias en sus antecedentes laborales y académicos que agravaron su situación.

> **Positivas**: A pesar de las críticas, las ventas de *The Woman in the Window* no se vieron afectadas drásticamente, y la adaptación cinematográfica generó interés adicional en la obra. Este desenlace evidenció una desconexión entre las preocupaciones éticas y las decisiones del mercado.

Lecciones Aprendidas

> **La importancia de la originalidad**: Este caso resalta la necesidad de que los autores realicen un trabajo verdaderamente original, especialmente en un mercado saturado como el de la literatura de suspense. La falta de innovación no solo expone a los escritores a acusaciones de plagio, sino que también erosiona la confianza del lector.

> **Límites entre inspiración y copia**: Inspirarse en obras anteriores es válido, pero los escritores deben asegurarse de aportar un enfoque propio que distinga claramente su trabajo de los existentes.

> **Transparencia y responsabilidad**: Enfrentar las acusaciones con claridad y ofrecer explicaciones éticas puede ayudar a mitigar el impacto reputacional. La evasión y la falta de disculpas pueden agravar la percepción pública negativa.

> **La influencia de los medios y el mercado**: Este caso evidencia que, aunque las acusaciones éticas sean graves, el éxito comercial puede no verse afectado si el público sigue interesado en la obra. Sin embargo, los autores deben priorizar la integridad literaria y ética por encima de los beneficios económicos.

Este caso pone de manifiesto la delgada línea entre inspiración y plagio en la creación literaria, y sirve como una advertencia para que los autores prioricen la originalidad y adopten un enfoque ético desde el inicio del proceso creativo.

CASO 2 - ESTUDIO DE CASO: Inteligencia Artificial en la Escritura – ChatGPT y la Coautoría de Novelas

Contexto del Caso

En 2023, el autor independiente John Miller publicó la novela *Echoes of Tomorrow*, un thriller de ciencia ficción que obtuvo gran atención mediática debido a su declaración pública de que la obra había sido coescrita con **ChatGPT**, una herramienta de inteligencia artificial (IA) desarrollada por OpenAI. Según Miller, utilizó la IA para generar diálogos, descripciones y tramas secundarias, integrando posteriormente los resultados en su narrativa. El autor enfrentó críticas y debates en torno a la transparencia de su proceso creativo y la ética de presentar una obra parcialmente generada por una máquina sin atribución adecuada.

Problema Central

El conflicto ético principal se centró en la **autoría compartida y la transparencia en la creación literaria**. Los críticos señalaron que Miller no dejó claro hasta qué punto la inteligencia artificial había contribuido al contenido del libro y si esto debía ser reconocido formalmente en los créditos de la obra. Además, surgieron preguntas sobre la originalidad de los textos generados por ChatGPT y la posible reutilización de fragmentos similares por parte de otros usuarios de la misma IA, planteando dilemas sobre el plagio involuntario y los derechos de autor.

Soluciones Implementadas

> - **Declaración Pública**: Miller publicó un comunicado en su blog explicando que ChatGPT había sido utilizado como una herramienta de apoyo para agilizar su proceso

creativo, pero que todas las decisiones finales sobre la trama, personajes y estilo recaían en él como autor.

- **Créditos Adicionales**: En ediciones posteriores de *Echoes of Tomorrow*, el autor incluyó una mención explícita en la introducción, reconociendo el uso de la inteligencia artificial como herramienta colaborativa.

- **Revisión del Proceso**: Miller anunció que en futuras obras limitaría el uso de herramientas de IA a fases específicas del proceso creativo y sería más transparente desde el principio sobre su rol en el desarrollo del contenido.

Resultados

Consecuencias Positivas:

- *Echoes of Tomorrow* se convirtió en un ejemplo pionero de literatura creada con asistencia de IA, generando interés académico y comercial. El debate ético atrajo atención mediática, lo que impulsó las ventas del libro.

- La inclusión de créditos a ChatGPT en ediciones posteriores fue bien recibida por críticos y lectores, sentando un precedente para futuros proyectos literarios asistidos por IA.

Consecuencias Negativas:

- Algunos lectores cuestionaron la legitimidad del proceso creativo, lo que llevó a una pérdida de confianza en el autor para una parte de su audiencia.

> El caso generó incertidumbre en la industria editorial sobre cómo regular la coautoría con herramientas de inteligencia artificial, exponiendo lagunas legales y éticas que aún deben resolverse.

Lecciones Aprendidas

> **Transparencia en el Proceso Creativo**: Es crucial que los autores informen claramente sobre el papel de la IA en la creación literaria. Esto incluye reconocer explícitamente su uso en los créditos de la obra.

> **Límites Éticos de la Autoría Compartida**: Las herramientas de IA pueden considerarse colaboradores en el proceso creativo, pero las decisiones finales y la curaduría deben recaer en el autor humano para mantener la integridad artística.

> **Originalidad y Derechos de Autor**: Los autores deben ser conscientes de las limitaciones de la IA en términos de generación de contenido original y tomar medidas adicionales para garantizar que sus obras no incluyan material replicado o plagio involuntario.

> **Normas Industriales**: Este caso subraya la necesidad de que la industria editorial desarrolle estándares éticos y legales claros para

el uso de herramientas de inteligencia artificial en la literatura.

> **Aceptación del Cambio Tecnológico**: La incorporación de IA en el proceso creativo no debe percibirse como una amenaza, sino como una oportunidad para ampliar los límites de la narrativa, siempre que se haga de manera ética y responsable.

Este caso pone de manifiesto los desafíos y oportunidades que plantea el uso de herramientas de inteligencia artificial en la literatura, destacando la importancia de establecer normas éticas claras y fomentar una relación transparente entre los autores, las tecnologías y los lectores.

CASO 3 - ESTUDIO DE CASO: DERECHOS DE AUTOR Y DOMINIO PÚBLICO – *WINNIE THE POOH* EN 2022

Contexto del Caso

En enero de 2022, los derechos de autor sobre el libro original *Winnie-the-Pooh* de A. A. Milne, publicado en 1926, expiraron en los Estados Unidos al cumplirse 95 años desde su publicación, pasando la obra al **dominio público**.

Esto permitió que terceros utilizaran los personajes y elementos de la historia original sin necesidad de autorización de los titulares de derechos.

Poco después, comenzaron a surgir adaptaciones y reinterpretaciones, entre las cuales destacó *Winnie-the-Pooh: Blood and Honey*, una película de terror independiente que transformó al querido oso en un personaje oscuro y violento. Esto generó un intenso debate sobre los límites éticos y creativos del uso del dominio público.

Problema Central

El dilema ético principal radicó en la **reinterpretación radical de un personaje icónico** y su impacto en la percepción pública de la obra original. Aunque el uso del material fue legal, surgieron preguntas sobre la ética de transformar una creación destinada al público infantil en una versión grotesca, potencialmente dañando su legado y confundiendo a las audiencias. También se debatió si los creadores tenían la obligación moral de respetar el espíritu original de la obra al reutilizar elementos provenientes del dominio público.

Soluciones Implementadas

> **Respaldo Legal**: Los creadores de *Winnie-the-Pooh: Blood and Honey* consultaron abogados para asegurarse de que su proyecto cumpliera estrictamente con las leyes de dominio público, evitando usar elementos protegidos por Disney, que posee los derechos de adaptaciones posteriores del personaje.

> **Comunicados Públicos**: La producción de la película emitió declaraciones destacando que su trabajo era una reinterpretación y que

respetaban los derechos de las versiones protegidas por Disney.

> **Adaptación del Marketing**: Los creadores modificaron su estrategia de marketing para dejar claro que la película no estaba asociada ni con A. A. Milne ni con Disney, minimizando posibles confusiones con el público.

Resultados

Consecuencias Positivas:

> La controversia generó una enorme atención mediática, atrayendo interés hacia la película y destacando la importancia del dominio público como herramienta para fomentar la creatividad y la innovación.

> El caso se convirtió en un referente para creadores interesados en aprovechar obras en el dominio público.

Consecuencias Negativas:

> El uso no convencional del personaje fue criticado por una parte del público y expertos literarios, quienes consideraron que se desvirtuaba el legado de la obra original.

> Algunas audiencias, especialmente familias y niños, se sintieron confundidas por la falta de claridad entre las versiones infantiles y la película de terror, generando reacciones negativas hacia el proyecto.

Lecciones Aprendidas

- **Respeto al Legado Creativo**: Aunque el dominio público permite el uso libre de obras, es crucial considerar el impacto ético y cultural de reinterpretaciones drásticas, especialmente en personajes asociados con audiencias vulnerables como los niños.

- **Clara Delimitación Legal**: Este caso subraya la importancia de entender y respetar los límites legales del dominio público, asegurándose de no infringir derechos asociados con adaptaciones posteriores protegidas por copyright.

- **Transparencia en el Marketing**: La comunicación clara y honesta sobre el propósito y naturaleza de un proyecto basado en el dominio público es esencial para evitar confusiones y malentendidos con el público.

- **Equilibrio entre Legalidad y Ética**: No todo lo que es legal es necesariamente ético. Los creadores deben reflexionar sobre cómo sus obras afectan el legado y la percepción de las obras originales.

- **Potencial del Dominio Público**: Este caso demuestra cómo el dominio público puede ser una fuente rica para la innovación y la experimentación creativa, siempre que se maneje con responsabilidad.

Este estudio de caso destaca la tensión entre las oportunidades legales del dominio público y las implicaciones éticas de reinterpretar obras que tienen un profundo significado cultural, proporcionando valiosas lecciones para futuros creadores y productores.

CASO 4 - ESTUDIO DE CASO: AUTOPUBLICACIÓN ÉTICA – AMAZON KINDLE DIRECT PUBLISHING Y LOS DERECHOS DE AUTOR

Contexto del Caso

En 2021, Sarah Thompson, una autora independiente, decidió autopublicar su novela *Shadows of Eternity*, un romance de fantasía épica, utilizando la plataforma Amazon Kindle Direct Publishing (KDP). Antes de su lanzamiento, Thompson realizó una extensa investigación sobre las mejores prácticas de autopublicación, incluyendo el diseño de portadas, el uso de material de referencia y estrategias de marketing. Durante este proceso, descubrió casos de otros autores independientes que habían enfrentado problemas legales debido a violaciones de derechos de autor, ya sea por el uso indebido de imágenes de portadas, plagio no intencionado o contenido inspirado en obras protegidas. Esto la llevó a tomar decisiones conscientes para garantizar la integridad ética de su trabajo.

Problema Central

El desafío ético para Thompson consistió en navegar por las complejidades legales y morales de la autopublicación, específicamente:

> Evitar el uso indebido de material protegido por derechos de autor, como imágenes y elementos narrativos.

> Garantizar la originalidad de su obra en un género altamente competitivo donde las similitudes temáticas son frecuentes.

> Cumplir con los términos y condiciones de plataformas como KDP, que tienen políticas estrictas contra violaciones de derechos de autor.

Soluciones Implementadas

> **Revisión Exhaustiva del Contenido:** Thompson contrató a un editor profesional para revisar su manuscrito, asegurándose de que no existieran similitudes no intencionadas con otras obras populares del género.

> **Uso de Recursos Legales:** Para la portada de su libro, adquirió imágenes y gráficos a través de plataformas de licencias como Shutterstock, garantizando el uso legítimo del material visual.

> **Educación y Cumplimiento:** Thompson se familiarizó con las políticas de derechos de autor y autopublicación de Amazon KDP, asegurándose de cumplir con todos los requisitos técnicos y legales de la plataforma.

> **Promoción Transparente:** Durante la campaña de marketing, evitó comparaciones directas con otras obras populares (como *Game of Thrones* o *The Lord of the Rings*), enfocándose en destacar las características únicas de su novela.

Resultados

Consecuencias Positivas:

> *Shadows of Eternity* se lanzó con éxito en KDP, recibiendo comentarios positivos por su originalidad y calidad narrativa.

> El cumplimiento ético y legal fortaleció la credibilidad de Thompson como autora independiente, ayudándola a construir una base sólida de lectores fieles.

> La inversión en licencias y editores profesionales elevó el estándar de la obra, lo que le permitió destacarse en un mercado competitivo.

Consecuencias Negativas:

> Los costos iniciales asociados con la contratación de servicios profesionales y la adquisición de licencias fueron elevados, lo que representó un desafío financiero.

> La autoimposición de estrictos estándares éticos ralentizó ligeramente el proceso de publicación, al requerir revisiones adicionales y verificaciones legales.

Lecciones Aprendidas

1. **La importancia de la legalidad en todos los aspectos:** Desde las imágenes utilizadas en las portadas hasta el contenido del texto, el cumplimiento de las leyes de derechos de autor es esencial para garantizar un proceso de autopublicación ético y sostenible.

2. **Invertir en la calidad y la ética da frutos a largo plazo:** Aunque los costos iniciales pueden ser altos, las decisiones éticas y responsables ayudan a construir una reputación sólida como autor independiente.

3. **Conocer las políticas de las plataformas de autopublicación es fundamental:** Cumplir con los requisitos de plataformas como KDP no solo evita problemas legales, sino que también mejora las posibilidades de éxito comercial.

4. **La originalidad es clave para destacar en un mercado saturado:** Garantizar que la obra sea auténtica y única no solo evita conflictos éticos, sino que también aumenta su valor percibido por los lectores.

5. **La transparencia en el marketing es esencial:** Promocionar una obra sin comparaciones excesivas o engañosas refuerza la confianza del público y minimiza la controversia.

Este caso subraya que la autopublicación ética no solo es posible, sino también beneficiosa. Al adoptar un enfoque proactivo y responsable, los autores independientes pueden garantizar la integridad de sus obras mientras construyen una carrera literaria sostenible y respetada.

EJEMPLOS DE AUTORES QUE HAN UTILIZADO IA DE MANERA ÉTICA

La inteligencia artificial (IA) ha abierto un nuevo abanico de posibilidades para los escritores, desde la generación de ideas hasta la edición de textos. Sin embargo, es fundamental utilizarla de manera ética. A continuación, algunos ejemplos inspiradores:

> ➢ **Generación de ideas y borradores:**
> Un ejemplo destacado de un autor que ha utilizado inteligencia artificial de manera ética es Robin Sloan, autor de la novela Sourdough. Sloan utilizó una herramienta de IA desarrollada por él mismo, que consistía en un sistema de aprendizaje automático basado en su propia escritura. La IA generaba fragmentos de texto y sugerencias de lenguaje que encajaban con el estilo y el tono de su narrativa, ayudándole a superar bloqueos creativos y explorar nuevas ideas.
>
> Sin embargo, Sloan fue completamente transparente sobre el uso de esta herramienta en su proceso creativo.

En entrevistas y artículos, explicó detalladamente cómo la IA no reemplazaba su papel como autor, sino que funcionaba como un asistente que aportaba nuevas perspectivas y sugerencias que él mismo refinaba y adaptaba. Esta relación colaborativa demostró cómo la IA puede ser una herramienta ética y responsable para los escritores, siempre y cuando se mantenga la claridad sobre el papel del ser humano como creador principal y la tecnología como un apoyo complementario.

Lección: Ser honesto y transparente con los lectores sobre el uso de la IA, y utilizarla para complementar, no reemplazar, la creatividad humana, es fundamental para mantener la integridad en el proceso literario.

➢ **Traducción automática y adaptación de obras:**
Un ejemplo real relacionado con el uso de IA para traducción y adaptación de obras es el caso de la escritora N. K. Jemisin, una autora galardonada con múltiples premios Hugo. Aunque no se ha documentado explícitamente que ella misma haya utilizado IA para traducción, en el mundo editorial, varias de sus obras han sido traducidas y adaptadas utilizando tecnologías de IA para el primer borrador de traducción.

Luego, estas traducciones fueron pulidas por traductores humanos expertos, quienes realizaron las adaptaciones culturales necesarias y ajustaron los matices lingüísticos para garantizar que el texto final mantuviera la esencia, el tono y la intención original de Jemisin.

Este tipo de enfoque híbrido, donde la IA asiste en la traducción inicial y se complementa con una revisión y adaptación humana, asegura una alta calidad en la traducción literaria, respetando tanto el contenido original como las sensibilidades culturales del público al que se dirige.

Lección: La traducción asistida por IA puede ser una herramienta poderosa para abrir nuevas audiencias a una obra, pero siempre debe complementarse con la revisión y adaptación humanas para preservar la integridad cultural y literaria del texto.

> **Edición asistida por IA:**

Un caso real de edición asistida por IA es el de la poeta y escritora Sasha Pimentel, quien ha hablado abiertamente sobre el uso de herramientas de asistencia de IA, como Grammarly, para la revisión de sus textos.

Reconocida por su poesía profundamente personal y emotiva, Sarah utiliza herramientas de IA para detectar errores gramaticales menores y problemas de estilo, como redundancias o problemas de puntuación, sin comprometer su voz poética.

Sarah Pimentel mantiene siempre el control sobre sus decisiones creativas, permitiendo que la IA le sirva como una segunda opinión en aspectos técnicos del lenguaje, pero reservando todo lo relacionado con el tono, el ritmo y la elección de palabras a su propio juicio. De esta manera, la IA le proporciona apoyo sin alterar la integridad de su obra poética, asegurando que su estilo y voz permanezcan fieles a su intención artística.

Lección: Utilizar herramientas de IA para apoyo en la corrección y edición puede mejorar la precisión y claridad, siempre y cuando la autora mantenga el control creativo para garantizar que la esencia de su voz literaria se mantenga intacta.

CÓMO REALIZAR UN ANÁLISIS ÉTICO DE TUS PROPIAS OBRAS

Para asegurarte de que tu trabajo cumple con los estándares éticos, te proponemos un proceso de autoevaluación:

1. **Identifica todas tus fuentes:** Haz un inventario detallado de todos los textos, imágenes, músicas y otros recursos que hayas utilizado.

2. **Verifica los derechos de autor:** Investiga si necesitas permisos para utilizar cada recurso. Considera opciones como licencias Creative Commons o materiales de dominio público.

3. **Aplica las normas de citación adecuadas:** Usa un estilo de citación reconocido (APA, MLA, Chicago) para dar crédito a los autores originales y evitar el plagio.

4. **Evalúa el uso justo:** Analiza si el uso de fragmentos ajenos cumple con los criterios de uso justo, como el propósito, la cantidad y el impacto económico en el titular de los derechos.

5. **Considera el impacto en otros:** Reflexiona sobre cómo tu obra podría afectar a otras personas, tanto los autores originales como los lectores, y asegúrate de no perpetuar estereotipos ni causar daño.

CHECKLIST PARA EVALUAR LA ÉTICA DE TUS PROYECTOS LITERARIOS

✓ **Citas y fuentes:** ¿He dado crédito a todas las fuentes utilizadas?

✓ **Derechos de autor:** ¿He respetado los derechos de autor y obtenido los permisos necesarios?

✓ **Uso de IA:** ¿He utilizado herramientas de IA de manera ética y transparente?

✓ **Plagio y originalidad:** ¿He evitado cualquier forma de plagio y asegurado la originalidad de mi obra?

✓ **Inclusión y diversidad:** ¿Mi trabajo refleja un enfoque inclusivo y respetuoso hacia todas las personas?

En resumen, La ética en la literatura no es un simple conjunto de normas, sino un compromiso con la integridad y el respeto por el trabajo propio y ajeno. Al aplicar estos principios, no solo proteges tus derechos como autor, sino que también contribuyes a un entorno creativo más justo y sostenible.

En el próximo capítulo, profundizaremos en las herramientas y recursos que pueden ayudarte a proteger tus obras y conectarte con otros escritores éticos. Exploraremos plataformas digitales, guías prácticas y comunidades que promueven la creación literaria responsable. ¡No te lo pierdas!

TU CAJA DE HERRAMIENTAS ÉTICAS: RECURSOS Y APOYO PARA EL ESCRITOR

¡Felicidades! Has llegado al final de nuestro recorrido por los principios éticos que rigen la creación literaria. Durante los capítulos anteriores, exploramos desde los fundamentos de la ética literaria hasta las nuevas tecnologías y sus desafíos. Ahora, este último capítulo te proporcionará un conjunto de recursos y herramientas esenciales para ayudarte a mantener tu escritura en línea con los más altos estándares éticos. Aquí encontrarás guías, plataformas y comunidades que te acompañarán en tu viaje como escritor comprometido.

GUÍAS Y MANUALES RECOMENDADOS SOBRE DERECHOS DE AUTOR

El panorama de los derechos de autor puede parecer un laberinto, pero con las guías adecuadas, puedes navegarlo con confianza. Aquí te presentamos algunos recursos clave:

> - **Manuales de Estilo:** Aprender a citar correctamente no solo protege tu trabajo, sino que también muestra respeto por los derechos de otros autores. Los manuales de estilo como APA, MLA y Chicago son imprescindibles para la correcta citación de fuentes en tus obras. (Ver anexos).
>   a. Manual de estilo APA: Guia-Normas-APA-7ma-edicion.pdf

b. Manual de estilo MLA: Microsoft Word - MLA_para_pdf_rua_justificado_con_gu iones_nov2013.docx

c. Manual de estilo Chicago: Estilo Chicago

- ➢ **Guías de Asociaciones Literarias:** Muchas organizaciones, como la Sociedad de Autores y Escritores o la Asociación de Escritores Independientes, ofrecen guías y documentos gratuitos que abordan cuestiones éticas y legales, desde la autopublicación hasta los contratos editoriales.
- ➢ **Libros Específicos sobre Propiedad Intelectual:** Existen textos especializados como…

    ✓ *Derechos de Autor y Propiedad Intelectual en la Era Digital.*

    ✓ *Guía Completa de la Propiedad Intelectual para Escritores,*

    …que profundizan en temas como los derechos morales, licencias y registros internacionales.

PLATAFORMAS Y HERRAMIENTAS DIGITALES PARA PROTEGER TU OBRA

En el entorno digital actual, es crucial proteger tus creaciones. A continuación, algunas herramientas tecnológicas que pueden ayudarte:

- ➢ **Herramientas de Detección de Plagio:** Plataformas como Turnitin, Grammarly y Copyscape te permiten verificar la originalidad de tus textos, identificando posibles similitudes con otras obras.

> **Marcas de Agua Digitales:** Herramientas como Digimarc o DocuMark permiten añadir marcas de agua invisibles a tus documentos, disuadiendo la copia no autorizada y facilitando la rastreabilidad.

> **Blockchain para la Propiedad Intelectual:** El uso de tecnología blockchain, a través de plataformas como Enotario, Po.et o Authorship, asegura un registro inmutable de la fecha y autoría de tu obra, protegiéndola de posibles infracciones.

> **Certificados de Registro Digital:** Servicios como Safe Creative y Myows proporcionan un certificado digital que prueba la autoría y fecha de creación, ideal para quienes buscan una protección adicional sin costos elevados.

REDES DE APOYO Y COMUNIDADES ÉTICAS PARA ESCRITORES

La escritura puede ser una travesía solitaria, pero no tienes que recorrerla solo. Unirte a comunidades de escritores puede ofrecerte un espacio para compartir conocimientos, experiencias y recibir retroalimentación constructiva. A continuación, algunas comunidades recomendadas:

✓ **Foros y Grupos en Línea:** Sitios como Writers Helping Writers, NaNoWriMo (National Novel Writing Month), y Absolute Write proporcionan un entorno colaborativo donde puedes discutir temas relacionados con la ética, la escritura y la publicación.

✓ **Redes Sociales para Escritores:** Plataformas como Scribophile y Wattpad no solo te permiten compartir tus escritos, sino también conectar con otros escritores comprometidos con la ética literaria.

✓ **Talleres y Conferencias Éticas:** Participa en talleres como los ofrecidos por PEN International y Writers & Books, que suelen abordar temas sobre derechos de autor, libertad de expresión y responsabilidad social en la escritura.

BIBLIOGRAFÍA Y LECTURAS RECOMENDADAS

Para profundizar en los temas discutidos en este libro, te sugerimos explorar las siguientes lecturas:

➢ **Libros Relevantes:**
  ✓ **Blinn, H. (2015).** *Copyright and the Creative Writer. New York Press. (Traducción: Derechos de autor y el escritor creativo).*

  ✓ **Friedman, J. (2018).** *The Ethical Author: A Practical Guide to Publishing with Integrity. Routledge. (Traducción: El autor ético: Una guía práctica para publicar con integridad).*

  ✓ **Gilmore, B. (2010).** *Plagiarism: Why It Happens and How to Prevent It. Heinemann Educational Books. (Traducción: Plagio: Por qué ocurre y cómo prevenirlo).*

REFLEXIONES FINALES: EL COMPROMISO CONTINUO CON LA ÉTICA LITERARIA

La ética en la literatura no es un destino, sino un viaje continuo. A medida que el mundo editorial y la tecnología evolucionan, también lo hacen los desafíos éticos. Mantente informado, sigue aprendiendo y sé un defensor del cambio positivo en la comunidad literaria.

Recuerda que cada decisión que tomes como autor tiene un impacto, no solo en tu carrera, sino también en el panorama cultural y social en el que vivimos. Al escribir con integridad, no solo protegerás tu reputación, sino que también contribuirás al enriquecimiento de la literatura como un espacio de libertad y respeto.

¡El futuro de la literatura ética está en tus manos! Sigue explorando, escribiendo y, sobre todo, mantén el compromiso con la excelencia ética en cada palabra que pongas en el papel.

Este capítulo cierra nuestro viaje con las herramientas necesarias para una práctica literaria ética. Enfrenta los desafíos del mundo literario con una brújula ética sólida y contribuye a una comunidad literaria más respetuosa y consciente.

¡Tu voz importa y tu compromiso ético es un faro para los futuros escritores!

CONCLUSIÓN: LA ÉTICA, UN FARO EN EL MAR DE LA CREATIVIDAD

Hemos recorrido un extenso camino juntos, navegando por los rincones más profundos de la ética en la literatura. A lo largo de esta guía, hemos explorado desde los fundamentos de los derechos de autor hasta los desafíos emergentes que plantea la inteligencia artificial, así como las oportunidades y dilemas que surgen en el cruce entre la creatividad y la tecnología. En este viaje, la ética se ha revelado no solo como un conjunto de normas, sino como un pilar esencial que sostiene y enriquece el acto creativo.

REFLEXIONES FINALES SOBRE LA ÉTICA EN LA LITERATURA

La ética en la literatura no es simplemente un conjunto de reglas estáticas que constriñen nuestra libertad creativa; es, en realidad, una brújula que nos orienta hacia la creación de contenido que sea no solo auténtico, sino también respetuoso y responsable. Como escritores, no somos solo narradores de historias, sino también arquitectos de ideas, influenciadores culturales y guardianes de la verdad. Nuestras palabras tienen el poder de inspirar, educar y cambiar perspectivas, lo que nos otorga una responsabilidad ética ineludible.

Al escribir, tenemos la oportunidad de construir mundos, de dar vida a personajes y de compartir nuestras visiones del mundo. La ética nos invita a hacerlo de una manera que honre tanto a nuestros lectores como a nuestras fuentes de inspiración.

De esta forma, no solo creamos obras de arte literarias, sino también un legado basado en la integridad y el respeto.

EL FUTURO DE LA CREACIÓN LITERARIA EN LA ERA DIGITAL

Vivimos en una era donde la tecnología avanza a un ritmo vertiginoso, y la literatura no es ajena a esta transformación. Desde la publicación digital hasta la inteligencia artificial, pasando por el metaverso y los NFTs, las herramientas a nuestra disposición son cada vez más innovadoras. Sin embargo, con grandes oportunidades vienen grandes responsabilidades.

El mundo digital nos plantea nuevos dilemas éticos, como el uso de algoritmos para la generación de contenido, el plagio automatizado, y la preservación de la autenticidad en un mar de información. En este contexto, los escritores deben estar preparados para adaptarse, pero también para reflexionar críticamente sobre cómo utilizan estas tecnologías. La ética, en este sentido, no es un obstáculo, sino una guía para aprovechar estas herramientas de manera justa y beneficiosa para todos.

LLAMADO A LA ACCIÓN PARA ESCRITORES RESPONSABLES

Tu viaje como escritor no termina aquí. Ahora, más que nunca, el mundo necesita voces responsables y conscientes que utilicen su talento para contribuir a un entorno literario diverso, inclusivo y ético. A medida que continúas desarrollándote como escritor, te animamos a:

➢ **Ser consciente de tus responsabilidades:** Recuerda que cada palabra tiene un impacto. Sé intencional en tu escritura, asegurándote de que tus historias reflejen valores de integridad y respeto.

➢ **Respetar los derechos de los demás:** En un mundo donde la información está al alcance de un clic, es crucial que respetes los derechos de autor, cites tus fuentes y evites el plagio. Al hacerlo, estarás honrando tanto tu trabajo como el de tus colegas.

➢ **Promover la diversidad y la inclusión:** Utiliza tu plataforma para amplificar las voces de aquellos que han sido históricamente marginados. Cada historia que cuentes puede contribuir a un mundo más equitativo y representativo.

➢ **Ser un ejemplo a seguir:** Tus acciones como escritor no solo impactan a tus lectores, sino también a otros escritores que pueden verte como un modelo a seguir. Inspira con tu ética y tu compromiso, y motiva a otros a escribir con conciencia.

UN LEGADO ÉTICO PARA LA LITERATURA DEL MAÑANA

La ética no es un destino, sino un viaje continuo. Mientras el panorama literario sigue evolucionando, también lo harán los desafíos éticos que enfrentamos.

Pero al abrazar la ética como parte fundamental de nuestra práctica, no solo nos convertimos en mejores escritores, sino también en mejores seres humanos.

Te invitamos a seguir explorando, aprendiendo y conectándote con otros escritores que comparten tu compromiso con la responsabilidad social. Al hacerlo, estarás contribuyendo a la construcción de un legado literario basado en la integridad, la innovación y la justicia.

¡El futuro de la literatura está en tus manos!

Recuerda siempre:

> **La ética es un viaje sin fin:** Cada nuevo proyecto es una oportunidad para aprender y crecer.

> **Conéctate con tu comunidad:** Encuentra apoyo, inspiración y conocimiento en redes de escritores que comparten tus valores.

> **Sigue explorando:** La literatura es un campo en constante evolución. No temas experimentar y descubrir nuevos horizontes.

Agradecemos que hayas compartido este recorrido con nosotros. Que tus futuras obras no solo entretengan y eduquen, sino que también enriquezcan el panorama literario con ética y pasión.

¡Gracias por ser parte de este viaje hacia una literatura más ética y responsable!

ANEXOS PARA PROFUNDIZAR:

GUÍA PARA CITAR CORRECTAMENTE EN LOS SISTEMAS DE CITACIÓN MÁS UTILIZADOS:

A continuación, te presento una guía sobre cómo citar correctamente en los tres sistemas de citación más utilizados: APA, MLA y Chicago. Cada uno tiene sus particularidades y se usa en diferentes disciplinas. Aquí encontrarás ejemplos para libros, artículos y fuentes en línea.

ESTILO APA (7ª EDICIÓN)

a. **Libro**

> **Formato**:
> Apellido, Inicial del nombre. (Año). *Título del libro* (edición, si corresponde). Editorial.

> **Ejemplo**:
> Smith, J. (2020). *The Art of Writing Well* (2ª ed.). Penguin Books.

b. **Artículo en revista**

> **Formato**:
> Apellido, Inicial del nombre. (Año). Título del artículo. *Nombre de la revista*, volumen(número), páginas. https://doi.org/xxxxxx (si corresponde)

> **Ejemplo**:
> Johnson, M. L. (2019). The impact of social media on communication. *Journal of Communication Studies*, 34(2), 45-60. https://doi.org/10.1080/12345678

c. **Página web**

> **Formato**:
Apellido, Inicial del nombre. (Año, Mes, Día). Título de la página. Nombre del sitio web. URL

> **Ejemplo**:
Williams, A. (2023, May 14). Understanding climate change. *Science Daily.* https://www.sciencedaily.com/articles/56789

ESTILO MLA (9ª EDICIÓN)

a. **Libro**

> **Formato**:
Apellido, Nombre. *Título del libro.* Editorial, Año.

> **Ejemplo**:
Smith, John. *The Art of Writing Well.* Penguin Books, 2020.

b. **Artículo en revista**

> **Formato**:
Apellido, Nombre. "Título del artículo." *Nombre de la revista*, vol. número, año, páginas.

> **Ejemplo**:
Johnson, Mary L. "The Impact of Social Media on Communication." *Journal of Communication Studies*, vol. 34, no. 2, 2019, pp. 45-60.

c. **Página web**

- ➢ **Formato**:
  Apellido, Nombre. "Título de la página." *Nombre del sitio web*, día mes año, URL.

- ➢ **Ejemplo**:
  Williams, Alex. "Understanding Climate Change." *Science Daily*, 14 May 2023, https://www.sciencedaily.com/articles/56789.

ESTILO CHICAGO (17ª EDICIÓN)

a. **Libro**

Notas y bibliografía (NB):

- ✓ **Formato**:
  Apellido, Nombre. *Título del libro*. Ciudad: Editorial, Año.

- ✓ **Ejemplo**:
  Smith, John. *The Art of Writing Well*. New York: Penguin Books, 2020.

Autor-fecha (AF):

- ✓ **Formato**:
  Apellido, Nombre. Año. *Título del libro*. Ciudad: Editorial.

- ✓ **Ejemplo**:
  Smith, John. 2020. *The Art of Writing Well*. New York: Penguin Books.

b. **Artículo en revista**

Notas y bibliografía (NB):

- ✓ **Formato**:
  Apellido, Nombre. "Título del artículo." *Nombre de la revista* volumen, número (año): páginas.
- ✓ **Ejemplo**:
  Johnson, Mary L. "The Impact of Social Media on Communication." *Journal of Communication Studies* 34, no. 2 (2019): 45-60.

Autor-fecha (AF):

- ➤ **Formato**:
  Apellido, Nombre. Año. "Título del artículo." *Nombre de la revista* volumen(número): páginas.
- ➤ **Ejemplo**:
  Johnson, Mary L. 2019. "The Impact of Social Media on Communication." *Journal of Communication Studies* 34(2): 45-60.

c. **Página web**

Notas y bibliografía (NB):

- ➤ **Formato**:
  Apellido, Nombre. "Título de la página." *Nombre del sitio web*. Fecha de publicación. URL.
- ➤ **Ejemplo**:
  Williams, Alex. "Understanding Climate Change." *Science Daily*. May 14, 2023. https://www.sciencedaily.com/articles/56789.

Autor-fecha (AF):

> **Formato**:
Apellido, Nombre. Año. "Título de la página." *Nombre del sitio web*. URL.

> **Ejemplo**:
Williams, Alex. 2023. "Understanding Climate Change." *Science Daily*. https://www.sciencedaily.com/articles/56789.

CONSEJOS ADICIONALES PARA LOS TRES ESTILOS:

> **APA** se usa principalmente en ciencias sociales y del comportamiento.

> **MLA** es el estándar en humanidades, como literatura, filosofía y artes.

> **Chicago** es versátil y se usa en historia, ciencias sociales y artes; tiene dos variantes: **Notas y bibliografía** (más común en humanidades) y **Autor-fecha** (usado en ciencias y trabajos técnicos).

GUÍA PARA LA VERIFICACIÓN DE ORIGINALIDAD: CÓMO UTILIZAR HERRAMIENTAS DE DETECCIÓN DE PLAGIO

Verificar la originalidad del contenido es esencial para cualquier escritor que desee proteger su integridad y respetar los derechos de autor de otros. Ya sea que estés utilizando inteligencia artificial para generar texto, trabajando en un artículo académico, o escribiendo un libro, asegurarte de que tu contenido sea único es una práctica fundamental. A continuación, se presenta un procedimiento detallado para utilizar herramientas de detección de plagio y garantizar que tu trabajo sea auténtico y libre de infracciones.

Paso 1: Elegir la Herramienta de Detección de Plagio Adecuada

Existen múltiples herramientas en línea que te permiten verificar la originalidad de tu contenido. Aquí te proporciono una lista de algunas de las más confiables y populares:

- **Turnitin**: Utilizado principalmente en entornos académicos, es ideal para trabajos de investigación, tesis y ensayos.
- **Grammarly (Premium)**: Incluye una función de detección de plagio además de sus herramientas de gramática y estilo.
- **Copyscape**: Excelente para verificar la originalidad de contenido web, como blogs y artículos.

- **iThenticate**: Similar a Turnitin, pero más enfocado en publicaciones académicas y científicas.
- **Quetext**: Herramienta de fácil uso que ofrece análisis detallados y resaltados de posibles coincidencias.
- **Plagscan**: Ofrece un análisis exhaustivo tanto para contenido académico como para material web.

Paso 2: Preparar el Documento para la Verificación

Antes de cargar tu documento en una herramienta de detección de plagio, sigue estos pasos:

- **Guarda tu documento en un formato compatible**: La mayoría de las herramientas aceptan archivos en **.docx, .pdf, .txt,** y **.rtf**.
- **Elimina información personal**: Si estás utilizando una herramienta pública o gratuita, evita cargar información confidencial o privada.
- **Revisa tu documento** para asegurarte de que todo el contenido esté completo, ya que solo los textos cargados serán analizados.

Paso 3: Configurar la Herramienta de Detección

Al utilizar herramientas de detección de plagio, es importante configurar correctamente los parámetros de búsqueda:

- **Excluir citas y referencias**: Si tu documento incluye muchas citas y bibliografía, algunas herramientas permiten excluir estos elementos del análisis para evitar falsos positivos.

➢ **Establecer el umbral de coincidencia**: Algunas plataformas te permiten ajustar el porcentaje de similitud para identificar coincidencias significativas. Por ejemplo, puedes establecer un umbral del **5-10%** si estás analizando un artículo académico.

➢ **Habilitar la opción de búsqueda en bases de datos**: Para un análisis más exhaustivo, asegúrate de que la herramienta escanee no solo contenido web, sino también bases de datos académicas y publicaciones científicas.

Paso 4: Realizar el Análisis de Plagio

Una vez que hayas configurado la herramienta, sigue estos pasos:

1. **Carga tu documento**: Arrastra y suelta el archivo o pégalo en el espacio designado para texto.

2. **Inicia el escaneo**: Haz clic en el botón para comenzar la verificación. Este proceso puede tardar desde unos segundos hasta varios minutos, dependiendo de la longitud del texto y la herramienta utilizada.

3. **Revisa el informe de originalidad**: La herramienta generará un informe detallado que muestra las áreas donde hay coincidencias con otras fuentes.

Paso 5: Interpretar el Informe de Resultados

El informe de detección de plagio te proporcionará información sobre el nivel de originalidad de tu contenido:

> ➢ **Porcentaje de similitud**: Un porcentaje bajo (generalmente menos del 10-15%) suele considerarse aceptable, especialmente si incluye citas debidamente atribuidas.

> ➢ **Coincidencias resaltadas**: Revisa los fragmentos marcados por la herramienta. Asegúrate de que todas las coincidencias sean citas adecuadamente referenciadas o contenido original.

> ➢ **Fuentes identificadas**: Algunas herramientas mostrarán enlaces a las fuentes coincidentes. Utiliza esta información para confirmar que no estás violando derechos de autor.

Paso 6: Corregir Cualquier Coincidencia Identificada

Si la herramienta detecta contenido que podría considerarse plagio, sigue estos pasos:

> ➢ **Parafrasea el contenido**: Reformula las frases usando tus propias palabras.

> ➢ **Añade citas y atribuciones**: Si estás utilizando información de otra fuente, asegúrate de citarla correctamente utilizando un estilo reconocido (APA, MLA, Chicago, etc.).

> **Eliminar contenido duplicado**: Si hay fragmentos innecesarios o redundantes, considera eliminarlos o reescribirlos.

Paso 7: Realizar una Segunda Verificación

Después de corregir las coincidencias, es recomendable realizar un **segundo análisis** para asegurarte de que todas las correcciones se han implementado correctamente y que tu contenido es completamente original.

CHECKLIST PARA LA VERIFICACIÓN DE ORIGINALIDAD	Sí	No
1. ¿He seleccionado una herramienta de detección de plagio confiable?	☐	☐
2. ¿He guardado mi documento en un formato compatible?	☐	☐
3. ¿He configurado la herramienta para excluir citas y referencias?	☐	☐
4. ¿He realizado el análisis de plagio completo?	☐	☐
5. ¿He revisado el informe de resultados y el porcentaje de similitud?	☐	☐
6. ¿He corregido cualquier coincidencia o referencia no citada?	☐	☐

CHECKLIST PARA LA VERIFICACIÓN DE ORIGINALIDAD	Sí	No
7. ¿He realizado una segunda verificación para asegurar la originalidad?	☐	☐
8. ¿He guardado el informe de originalidad como respaldo?	☐	☐

Utilizar herramientas de detección de plagio es una práctica esencial para proteger tu reputación como autor y asegurarte de que tu contenido sea único y original. Siguiendo esta guía y utilizando el checklist, podrás evitar problemas legales y éticos, garantizando que tu obra cumpla con los estándares más altos de integridad literaria.

¡Asegúrate siempre de que tus palabras sean tuyas y protege tu trabajo creativo!

GUÍA PRÁCTICA PARA EL USO JUSTO (FAIR USE) EN LA ESCRITURA

El "Uso Justo" o **Fair Use** es un concepto fundamental dentro de la ley de derechos de autor que permite utilizar fragmentos de obras protegidas sin necesidad de obtener permiso del titular de los derechos, siempre y cuando se cumplan ciertos criterios. Esta doctrina es especialmente relevante para escritores, periodistas, académicos, creadores de contenido y cualquier persona que desee incorporar material protegido en sus propias obras de manera legal y ética.

A continuación, te presento una guía paso a paso para evaluar si tu uso de un material protegido puede considerarse "Uso Justo".

Paso 1: Comprender los Principios Básicos del Uso Justo

El Uso Justo se basa en la **Sección 107 de la Ley de Derechos de Autor de los Estados Unidos** (y en principios similares en otras jurisdicciones). Permite el uso limitado de material protegido sin permiso, bajo ciertas circunstancias, tales como:

- Crítica y comentario (reseñas de libros, análisis, etc.).
- Noticias y reportajes.
- Enseñanza y educación (uso en clases, investigaciones académicas).
- Investigación.

- Parodia y sátira.

No obstante, es crucial evaluar cada caso individualmente, ya que no existe una regla rígida y absoluta.

Paso 2: Evaluar los Cuatro Factores del Uso Justo

Para determinar si tu uso es justo, debes considerar **cuatro factores clave**:

1. **Propósito y naturaleza del uso**

    - **¿El uso tiene un propósito transformador?** Esto significa que estás añadiendo un nuevo significado, mensaje o valor al material original, en lugar de simplemente copiarlo. Los usos transformadores tienen más probabilidades de considerarse justos.

    - **¿El uso es comercial o sin fines de lucro?** Los usos educativos, críticos o de investigación no comerciales suelen recibir más protección bajo el Uso Justo.

2. **Naturaleza de la obra original**

    - **¿La obra original es más creativa o más factual?** Las obras creativas (como novelas, canciones, películas) están más protegidas que las obras basadas en hechos (como artículos de noticias). Usar material de obras no publicadas también es menos probable que se considere justo.

3. **Cantidad y sustancialidad del fragmento utilizado**

    > **¿Cuánto del material original estás usando?** Usa solo la cantidad mínima necesaria para lograr tu propósito. Incluso una pequeña cantidad puede no ser Uso Justo si representa la parte "esencial" o "el corazón" de la obra.

    > **¿Es proporcional al propósito de tu uso?** Por ejemplo, citar una frase corta para criticar un libro es más defendible que reproducir varios capítulos completos.

4. **Impacto en el mercado potencial de la obra original**

    > **¿Tu uso afecta negativamente el mercado de la obra original?** Si tu uso compite con la obra original o disminuye sus ventas, es menos probable que se considere justo. La distribución de copias completas de una obra sin permiso es un claro ejemplo de infracción que daña el mercado original.

Paso 3: Aplicar la Prueba del Uso Justo a Tu Situación

Para decidir si tu uso es "justo", pregúntate lo siguiente:

Prueba del Uso Justo (Fair Use)
Criterio
☐ ¿Añade un nuevo significado o propósito al material original?
☐ ¿Es necesario el material utilizado para análisis, crítica o comentario?
☐ ¿Se está usando solo una pequeña parte relevante para el propósito?
☐ ¿Afecta negativamente el uso a las ventas o al valor de la obra original?

Si la respuesta es "sí" a las primeras tres preguntas y "no" a la última, es más probable que tu uso sea considerado justo.

Paso 4: Buenas Prácticas para el Uso Justo

✓ **Cita siempre tus fuentes**: Aunque no es un requisito legal para el Uso Justo, dar crédito al autor original muestra respeto y puede fortalecer tu defensa en caso de una disputa.

✓ **Limita el uso al mínimo necesario**: Utiliza solo lo que sea absolutamente necesario para tu propósito.

✓ **Considera opciones alternativas**: Si es posible, busca obras en el dominio público o con licencias de uso libre (como Creative Commons).

✓ **Documenta tu análisis**: Guarda un registro de cómo evaluaste los cuatro factores del Uso Justo para respaldar tu decisión en caso de un conflicto legal.

Paso 5: Ejemplos Prácticos de Uso Justo

✓ **Crítica de una novela**: Puedes citar párrafos breves para ilustrar tu análisis sin afectar el mercado de la obra original.

✓ **Parodia de una canción**: Cambiar la letra de una canción para satirizar su mensaje puede ser Uso Justo, siempre y cuando sea claramente transformador.

✓ **Uso en educación**: Reproducir un párrafo de un artículo científico para un análisis académico en clase suele considerarse justo, especialmente en un contexto educativo no comercial.

Paso 6: Conocer las Limitaciones del Uso Justo

El Uso Justo no es un derecho absoluto, sino una **defensa legal**. Si el titular de los derechos de autor decide demandar, tendrás que demostrar ante un tribunal que tu uso cumple con los criterios de Uso Justo. Además, las leyes pueden variar según el país, por lo que siempre es recomendable consultar con un experto legal si tienes dudas.

Paso 7: Recursos Adicionales

- ✓ **Manuales y guías**: Consulta recursos como las guías de la Biblioteca del Congreso de EE. UU. o de Creative Commons para obtener más información sobre el Uso Justo.

- ✓ **Herramientas de análisis**: Usa herramientas en línea como la "Fair Use Evaluator" para ayudarte a tomar decisiones informadas.

- ✓ **Asesoría legal**: Si no estás seguro, consulta a un abogado especializado en propiedad intelectual.

El Uso Justo es una poderosa herramienta que permite a los escritores utilizar material protegido de manera legal y ética, siempre y cuando se respeten ciertos criterios. Al comprender y aplicar los principios del Uso Justo, no solo proteges tus obras de posibles disputas legales, sino que también contribuyes a una práctica literaria más ética y respetuosa.

¡Recuerda siempre evaluar cuidadosamente tu uso del material protegido para asegurar que estás actuando de manera justa y responsable!

GUÍA PRÁCTICA PARA UTILIZAR IMÁGENES GRATUITAS EN TUS LIBROS

Las imágenes pueden añadir un valor significativo a tus libros, haciendo que el contenido sea más atractivo e impactante para los lectores. Sin embargo, al utilizar imágenes, es fundamental asegurarse de que estás cumpliendo con los requisitos legales y éticos, especialmente en lo que respecta a los derechos de autor. A continuación, te presento una guía paso a paso para utilizar imágenes gratuitas de forma segura y legal en tus publicaciones, junto con un **checklist** que puedes utilizar para asegurarte de que cumples con todos los requisitos.

Paso 1: Comprender los Tipos de Licencias

Antes de descargar y utilizar cualquier imagen, es importante entender las diferentes licencias bajo las cuales pueden estar disponibles:

> **Dominio Público (Public Domain)**: Imágenes que ya no están protegidas por derechos de autor y pueden ser utilizadas libremente sin permiso ni atribución.

> **Creative Commons (CC)**: Licencias que permiten el uso gratuito de imágenes, pero con ciertas condiciones, como la atribución al autor o la prohibición de usos comerciales.

> **CC0 (Creative Commons Zero)**: Imágenes bajo esta licencia pueden ser utilizadas sin

restricciones, incluso para fines comerciales y sin necesidad de atribución.

- **CC BY**: Requiere que atribuyas al autor.
- **CC BY-NC**: Permite el uso solo para fines no comerciales.
- **CC BY-SA**: Requiere que compartas la obra derivada bajo la misma licencia.
- **Licencias Gratuitas con Atribución Obligatoria**: Algunas plataformas permiten el uso gratuito de imágenes, pero exigen que se dé crédito al autor.

Paso 2: Dónde Encontrar Imágenes Gratuitas y Legales

Existen múltiples plataformas donde puedes encontrar imágenes gratuitas y de uso legal. Asegúrate de leer y entender las condiciones de uso de cada sitio web. Aquí hay algunas fuentes confiables:

- **Unsplash**: Imágenes gratuitas bajo la licencia Unsplash, que permite su uso para fines comerciales sin necesidad de atribución, aunque se recomienda hacerlo.
- **Pexels**: Imágenes de alta calidad disponibles para uso gratuito, incluso para fines comerciales, sin necesidad de atribución.
- **Pixabay**: Ofrece imágenes gratuitas bajo la licencia Pixabay, similar a CC0.

- **Flickr**: Busca imágenes bajo licencias Creative Commons, asegurándote de revisar las condiciones específicas de cada imagen.

- **Wikimedia Commons**: Base de datos de imágenes y otros medios con varias licencias. Asegúrate de verificar el tipo de licencia antes de su uso.

Paso 3: Verificar la Licencia de la Imagen

Aunque las plataformas mencionadas suelen ofrecer imágenes de uso gratuito, es crucial **verificar la licencia de cada imagen específica** antes de utilizarla. Algunos pasos que puedes seguir:

- **Lee la descripción de la imagen** y asegúrate de que no haya restricciones adicionales.

- **Verifica si se requiere atribución** y, de ser así, toma nota de cómo el autor quiere ser acreditado.

- **Evita imágenes con marcas comerciales, logotipos o personas reconocibles** a menos que cuentes con permisos explícitos.

Paso 4: Atribuir Correctamente al Autor (si es necesario)

Si utilizas imágenes bajo licencias que requieren atribución (como **CC BY**), asegúrate de incluir un crédito adecuado. Un formato sugerido para la atribución es:

Imagen por [Nombre del Autor] en [Nombre de la Plataforma] bajo [Tipo de Licencia].

Ejemplo:

Imagen por John Doe en Unsplash bajo licencia CC BY.

Coloca la atribución en un lugar visible, como en la página de créditos del libro o junto a la imagen.

Paso 5: Guardar la Evidencia de Permiso

Para protegerte de posibles problemas legales, es recomendable guardar un registro de las licencias de las imágenes que utilizas. Puedes hacerlo de la siguiente manera:

- **Descarga una captura de pantalla** de la página de la imagen donde se muestra la licencia.
- **Guarda los enlaces** a las páginas de las imágenes.
- **Archiva los correos electrónicos** si obtuviste permisos adicionales directamente del autor.

CHECKLIST PARA EL USO DE IMÁGENES GRATUITAS	Sí	No
1. ¿Verifiqué que la imagen esté libre de derechos de autor?	☐	☐
2. ¿Confirmé la licencia de uso (CC0, CC BY, etc.)?	☐	☐
3. ¿Leí los términos específicos de uso en la plataforma?	☐	☐

CHECKLIST PARA EL USO DE IMÁGENES GRATUITAS	Sí	No
4. ¿Necesita atribución la imagen? (Si es así, incluí la atribución adecuada)	☐	☐
5. ¿Verifiqué que la imagen no contiene marcas registradas o personas reconocibles sin permiso?	☐	☐
6. ¿Guardé una copia de la licencia o evidencia del permiso?	☐	☐
7. ¿Incluí la atribución correcta en mi libro (si aplica)?	☐	☐
8. ¿El uso de esta imagen es coherente con el propósito y la temática de mi libro?	☐	☐

Utilizar imágenes gratuitas es una excelente manera de enriquecer tus libros sin incurrir en gastos adicionales. Sin embargo, siempre debes asegurarte de hacerlo de manera ética y legal. Siguiendo esta guía y checklist, podrás usar imágenes de forma segura, protegiendo tanto tu trabajo como el de los creadores originales.

¡Buena suerte con tus proyectos literarios y visuales!

Guía Práctica para el Uso Adecuado de Inteligencia Artificial en la Literatura

La inteligencia artificial (IA) está revolucionando la forma en que los escritores crean, editan y publican sus obras. Desde herramientas que ayudan a superar el bloqueo creativo hasta asistentes de edición, la IA puede ser un poderoso aliado en tu proceso literario. Sin embargo, su uso plantea una serie de consideraciones éticas y legales que los autores deben tener en cuenta para garantizar la integridad de su trabajo. A continuación, se presenta un procedimiento detallado para el uso responsable y adecuado de la inteligencia artificial en la literatura, junto con un checklist para asegurarte de que estás utilizando estas herramientas de manera ética y efectiva.

Paso 1: Comprender las Capacidades y Limitaciones de la IA

Antes de integrar herramientas de inteligencia artificial en tu proceso creativo, es fundamental entender qué pueden y qué no pueden hacer:

➢ Lo que puede hacer la IA:

- ✓ Generar ideas para historias, personajes y tramas.
- ✓ Sugerir correcciones gramaticales y de estilo.
- ✓ Proporcionar sinónimos y mejorar la fluidez del texto.
- ✓ Realizar análisis de texto para detectar errores o patrones.

> Lo que la IA no debe hacer:

- ✓ Escribir tus libros completos de forma autónoma sin tu intervención.
- ✓ Sustituir tu voz y creatividad como autor.
- ✓ Utilizar fragmentos de texto de otras fuentes sin citar, lo que podría llevar a problemas de plagio.

Paso 2: Seleccionar Herramientas de IA Éticas y Confiables

No todas las herramientas de IA son iguales. Asegúrate de elegir plataformas que respeten la privacidad de los datos y los derechos de autor. Aquí tienes algunos ejemplos populares y confiables:

- ✓ **Herramientas de generación de texto**: ChatGPT, Jasper, Sudowrite.
- ✓ **Asistentes de edición**: Grammarly, ProWritingAid, Hemingway.
- ✓ **Análisis de originalidad**: Turnitin, Copyscape, iThenticate.

Criterios para seleccionar herramientas:

- ✓ Revisa las **políticas de privacidad** para asegurarte de que tus datos no serán utilizados sin tu consentimiento.
- ✓ Asegúrate de que la herramienta tenga **funcionalidades transparentes**, permitiendo ver cómo se generan los textos.

✓ Verifica que la plataforma esté **comprometida con la ética** en el uso de datos.

Paso 3: Usar la IA como Herramienta Complementaria, No Sustituta

La IA debe ser utilizada para **complementar** tu proceso creativo, no para reemplazar tu papel como autor. Aquí te explicamos cómo hacerlo:

> **Generación de ideas**: Utiliza la IA para obtener sugerencias sobre tramas, personajes o títulos, pero asegúrate de que el desarrollo final sea tuyo.

> **Edición y corrección**: Las herramientas de IA pueden detectar errores gramaticales y sugerir mejoras estilísticas, pero revisa todas las recomendaciones antes de aceptarlas.

> **Asistencia en la investigación**: Usa la IA para resumir artículos o buscar referencias, pero verifica la información antes de incorporarla en tu obra.

Paso 4: Transparencia y Atribución

Si decides usar IA en tu proceso creativo, sé transparente con tus lectores y colegas:

> **Atribución clara**: Si utilizaste IA para generar partes de tu obra, menciona esto en una nota al final del libro o en la página de créditos.

> **No ocultes el uso de IA**: Si una reseña, poema o capítulo fue co-creado con una herramienta de

IA, hazlo saber al lector para mantener la transparencia.

Ejemplo de declaración de uso de IA:

"Parte del contenido de este libro fue desarrollado con la asistencia de herramientas de inteligencia artificial para mejorar la claridad y el estilo."

Paso 5: Evitar el Plagio y Proteger la Originalidad

La IA puede, sin querer, generar texto que sea similar a obras existentes. Asegúrate de que tu obra sea original y no infrinja los derechos de autor:

> **Verificación de originalidad**: Utiliza herramientas de detección de plagio para verificar que los fragmentos generados por IA no coincidan con otros textos publicados.

> **No dependas excesivamente de la IA**: Asegúrate de que la mayoría de tu obra refleje tu voz y creatividad personal.

Paso 6: Considerar los Aspectos Éticos

El uso de IA en la creación literaria plantea dilemas éticos que deben ser considerados cuidadosamente:

> **Sesgos en la IA**: Ten en cuenta que los algoritmos pueden estar entrenados con datos que contienen sesgos. Revisa el contenido generado para asegurar que sea inclusivo y respetuoso.

> **Deepfakes literarios**: Evita utilizar IA para generar texto que haga pasar por tuyo o de otro

autor famoso, ya que esto puede considerarse un engaño.

CHECKLIST PARA USO ADECUADO DE IA EN LA LITERATURA	Sí	No
1. ¿He investigado y seleccionado herramientas de IA confiables?	☐	☐
2. ¿Utilicé la IA solo como complemento, sin reemplazar mi creatividad?	☐	☐
3. ¿Verifiqué la originalidad del contenido generado para evitar plagio?	☐	☐
4. ¿Soy transparente sobre el uso de IA en mi obra (si aplica)?	☐	☐
5. ¿Revisé el contenido generado para asegurar que esté libre de sesgos?	☐	☐
6. ¿He atribuido correctamente cualquier contenido co-creado con IA?	☐	☐
7. ¿El uso de IA ha mejorado mi obra sin comprometer mi voz como autor?	☐	☐
8. ¿He protegido la privacidad de mis datos al usar herramientas de IA?	☐	☐

La inteligencia artificial puede ser un valioso aliado en tu proceso creativo, siempre que la utilices de manera ética y responsable. Al seguir esta guía y utilizar el checklist proporcionado, podrás aprovechar las ventajas de la IA sin comprometer tu integridad como escritor. Recuerda, la creatividad humana sigue siendo insustituible, y la IA debe ser vista como una herramienta para potenciar tu trabajo, no para reemplazarlo.

¡Explora con confianza las nuevas tecnologías, pero nunca pierdas tu voz como autor!

GUÍA PARA INCORPORAR MARCAS DE AGUA DIGITALES EN TEXTOS: PROTEGE LA AUTENTICIDAD Y AUTORÍA DE TUS OBRAS

Las **marcas de agua digitales** son una excelente herramienta para proteger tus textos de posibles plagios y verificar la autenticidad de tus creaciones. Al ser invisibles para el lector común, estas marcas pueden integrarse en el contenido sin afectar su apariencia, funcionando como un sello digital que prueba tu autoría en caso de disputas. A continuación, te presento un procedimiento detallado para incorporar marcas de agua invisibles en tus textos, junto con un checklist para asegurarte de que lo estás haciendo correctamente.

Paso 1: Comprender Qué Son las Marcas de Agua Digitales

Antes de comenzar, es importante saber qué son y cómo funcionan:

- ➤ **Marcas de Agua Digitales**: Son códigos ocultos insertados en un texto digital que no alteran su apariencia, pero que pueden ser detectados por herramientas especializadas para verificar la autoría.

- ➤ **Propósito**: Sirven para proteger tu trabajo contra el plagio, facilitar la identificación de copias no autorizadas y probar la autenticidad en caso de disputas legales.

- ➤ **Tipos de Marcas de Agua**:

- ✓ **Invisibles**: Incorporadas en el formato del texto, como en los espacios, el uso de sinónimos o en ligeras alteraciones tipográficas que no son visibles para el lector.

- ✓ **Visibles**: Generalmente se utilizan en imágenes y son marcas perceptibles, como un logotipo o texto superpuesto.

Para textos literarios, se recomienda el uso de marcas de agua invisibles para no alterar la legibilidad del contenido.

Paso 2: Seleccionar una Herramienta de Marcado de Agua Digital

Existen varias herramientas y software que permiten insertar marcas de agua invisibles en tus textos. Algunas opciones populares incluyen:

- ➤ **Digimarc**: Utilizado para proteger contenido tanto textual como multimedia.

- ➤ **DocuProtect**: Ideal para documentos académicos y profesionales.

- ➤ **SteganoText**: Herramienta de código abierto para incrustar marcas en archivos de texto.

- ➤ **Microsoft Word y Adobe Acrobat**: Ofrecen funcionalidades básicas para insertar marcas de agua en documentos.

Elige la herramienta que mejor se adapte a tus necesidades en función del tipo de texto y la plataforma en la que trabajas.

Paso 3: Preparar tu Texto para la Marca de Agua

Antes de insertar la marca de agua, asegúrate de que tu documento esté listo:

> ➢ **Formato compatible**: La mayoría de las herramientas funcionan con archivos en formatos **.docx, .pdf** o **.txt**.
>
> ➢ **Revisión del contenido**: Asegúrate de que tu texto esté finalizado y revisado, ya que la modificación posterior puede alterar la marca de agua.
>
> ➢ **Guardar una copia de seguridad**: Siempre guarda una versión original sin marca de agua para futuras ediciones.

Paso 4: Insertar la Marca de Agua Invisible

Dependiendo de la herramienta que elijas, sigue estos pasos generales:

Opción A: Usando Microsoft Word (Método Simple)

1. **Abrir tu documento en Word**.
2. Ir a "**Diseño**" → "**Marca de agua**".
3. Seleccionar "**Texto personalizado**" e introducir un código único o frase.
4. Configurar la marca como **invisible** ajustando la transparencia al máximo (opcional).

Opción B: Usando Software de Marcas de Agua Digitales (Herramienta Avanzada)

1. **Descarga e instala** el software que prefieras (por ejemplo, Digimarc o DocuProtect).
2. **Carga tu documento** en el software.
3. Introduce un **código único** (puede ser un número de identificación, tu nombre, o una clave secreta).
4. Ajusta las configuraciones para que la marca de agua sea **invisible** y asegúrate de seleccionar la opción de **incrustar en metadatos** o en el propio texto.
5. Guarda el documento marcado con un nombre diferente.

Paso 5: Verificación de la Marca de Agua

Una vez que hayas añadido la marca de agua, es importante verificar que se haya insertado correctamente:

1. **Utiliza la herramienta de detección** proporcionada por el software para confirmar que la marca es detectable.
2. **Prueba con una copia del documento** para asegurarte de que la marca no se pierde al duplicar o convertir el archivo.
3. **Guarda un informe** o captura de pantalla que demuestre la inserción de la marca como prueba adicional.

Paso 6: Documentar y Archivar

Para proteger legalmente tu obra, guarda evidencia del proceso:

> ➢ **Guarda una copia del documento original y del marcado.**
>
> ➢ **Crea un registro** con la fecha en la que se añadió la marca de agua y los detalles del código utilizado.
>
> ➢ **Archiva una copia de seguridad** en una ubicación segura, como un disco duro externo o un almacenamiento en la nube cifrado.

CHECKLIST PARA INCORPORAR MARCAS DE AGUA DIGITALES	Sí	No
1. ¿He elegido una herramienta adecuada para la marca de agua?	☐	☐
2. ¿Guardé una copia de seguridad del documento original?	☐	☐
3. ¿Verifiqué que el documento esté en un formato compatible?	☐	☐
4. ¿Inserté una marca de agua invisible única en el texto?	☐	☐
5. ¿Realicé una verificación para asegurar que la marca es detectable?	☐	☐
6. ¿Documenté los detalles de la marca de agua utilizada?	☐	☐

CHECKLIST PARA INCORPORAR MARCAS DE AGUA DIGITALES	Sí	No
7. ¿Guardé un informe de verificación o captura como prueba?	☐	☐
8. ¿Archivé una copia protegida en un almacenamiento seguro?	☐	☐

Las marcas de agua digitales son una forma efectiva de proteger tu autoría y demostrar la autenticidad de tu trabajo en el caso de disputas sobre derechos de autor. Siguiendo esta guía, puedes asegurarte de que tus textos estén protegidos contra el plagio y el uso no autorizado, preservando tu integridad como autor.

¡Protege tu obra y asegura tu reputación como escritor ético y responsable!

GUÍA PARA UTILIZAR LA TECNOLOGÍA BLOCKCHAIN PARA REGISTRAR LA CREACIÓN Y AUTORÍA DE OBRAS LITERARIAS

La tecnología **blockchain** ha surgido como una herramienta poderosa para proteger la propiedad intelectual, especialmente en el ámbito de la creación literaria. Al utilizar blockchain, puedes registrar la autoría y fecha de creación de tus obras en un registro digital inmutable, lo que ofrece una prueba sólida de propiedad intelectual. Este método es seguro, transparente y difícil de manipular, proporcionando a los autores una forma innovadora de proteger sus derechos.

A continuación, te presento un procedimiento detallado para utilizar blockchain en el registro de tus obras literarias, junto con un **checklist** para asegurarte de que has seguido todos los pasos correctamente.

Paso 1: Comprender Cómo Funciona el Blockchain

Antes de empezar, es importante tener una comprensión básica de cómo funciona la tecnología blockchain:

➤ **Blockchain** es un registro digital distribuido y descentralizado que almacena información en bloques conectados en una cadena.

➤ Cada bloque contiene un **hash** (un código único) que asegura su contenido y un enlace al bloque anterior, lo que hace que sea prácticamente imposible modificarlo sin alterar toda la cadena.

- El uso de blockchain para registrar la autoría de obras literarias proporciona un **registro inmutable** de la creación, que puede servir como prueba de propiedad intelectual.

Paso 2: Seleccionar una Plataforma de Blockchain para Registro de Derechos de Autor

Hay varias plataformas que permiten a los autores registrar sus obras en la blockchain. A continuación, algunas de las opciones más populares:

- **Ethereum**: Ofrece contratos inteligentes que permiten registrar la autoría de tus obras.

- **Bitcoin**: Utilizando plataformas adicionales como **OpenTimestamps**, puedes registrar un hash de tu documento en la blockchain de Bitcoin.

- **Writers' Bloc**: Especializada en proteger la propiedad intelectual de autores y escritores.

- **Po.et**: Una plataforma basada en blockchain diseñada para contenido digital, incluyendo obras literarias.

- **NFT Marketplaces (e.g., OpenSea, Rarible)**: Puedes crear un NFT (Token No Fungible) de tu obra literaria para registrar la propiedad.

Consejo: Asegúrate de elegir una plataforma que sea fácil de usar y confiable para tus necesidades específicas.

Paso 3: Preparar tu Obra para el Registro

Antes de registrar tu obra en la blockchain, sigue estos pasos:

> ➤ **Finaliza tu manuscrito**: Asegúrate de que tu texto esté en su versión final, ya que el registro en blockchain será permanente.

> ➤ **Guarda tu obra en un formato digital**: Se recomienda utilizar formatos como **PDF, .docx** o **.txt**.

> ➤ **Genera un hash del documento** (opcional): Puedes usar una herramienta de generación de hash (como **SHA-256 online generators**) para crear un código único que representa tu documento, sin necesidad de subir el archivo completo.

Paso 4: Crear una Wallet Digital

Para interactuar con la blockchain, necesitarás una **cartera digital (wallet)**:

> ➤ **Crea una wallet** en plataformas como **MetaMask, MyEtherWallet, o Coinbase**.

> ➤ Asegúrate de **guardar tus claves privadas** en un lugar seguro. Perderlas puede significar la pérdida de acceso a tu registro.

> ➤ **Carga fondos en tu wallet** (puede ser en criptomonedas como Ethereum o Bitcoin) para cubrir los costos de transacción (conocidos como "gas fees").

Paso 5: Registrar tu Obra en la Blockchain

Una vez que tengas tu wallet y tu obra lista, sigue estos pasos:

1. **Accede a la plataforma seleccionada** (por ejemplo, Po.et o Ethereum Dapps como OpenSea).
2. **Conecta tu wallet** a la plataforma.
3. **Sube tu obra o el hash** del documento (dependiendo de la plataforma).
4. **Configura los detalles del registro**:
   - ✓ Título de la obra.
   - ✓ Descripción o breve sinopsis.
   - ✓ Fecha de creación.
5. **Realiza el registro**:
   - ✓ Confirma la transacción desde tu wallet.
   - ✓ Paga las tarifas de transacción (gas fees).
6. Una vez completado el proceso, recibirás un **registro inmutable** en la blockchain, con un hash y un timestamp que actúan como prueba de autoría.

Paso 6: Verificar y Almacenar tu Certificado de Registro

Después de registrar tu obra, asegúrate de:

- ✓ **Guardar un certificado digital** o una captura de pantalla del registro, junto con el hash y el enlace a la transacción en la blockchain.

✓ **Almacenar esta información en un lugar seguro**, como un disco duro externo o un almacenamiento en la nube con protección.

Paso 7: Publicitar y Proteger tu Registro

Para asegurar la protección de tu autoría:

➢ **Incluye una nota de registro** en tu obra publicada, por ejemplo:

"Esta obra ha sido registrada en la blockchain de Ethereum el [fecha] bajo el hash [hash único]."

➢ **Muestra el enlace de registro** si publicas tu obra en plataformas digitales.

➢ **Considera la creación de un NFT** si deseas monetizar tu obra literaria de una manera innovadora.

CHECKLIST PARA EL REGISTRO DE OBRAS LITERARIAS EN BLOCKCHAIN	Sí	No
1. ¿He seleccionado una plataforma confiable de blockchain?	☐	☐
2. ¿Finalicé y guardé mi obra en un formato digital?	☐	☐
3. ¿Generé un hash del documento (si es necesario)?	☐	☐

CHECKLIST PARA EL REGISTRO DE OBRAS LITERARIAS EN BLOCKCHAIN	Sí	No
4. ¿Creé una wallet digital y la protegí adecuadamente?	☐	☐
5. ¿Cargué fondos en mi wallet para cubrir las tarifas de registro?	☐	☐
6. ¿Registré mi obra en la blockchain correctamente?	☐	☐
7. ¿Verifiqué y guardé el certificado de registro?	☐	☐
8. ¿Publiqué el enlace de registro en mi obra para proteger mi autoría?	☐	☐

Registrar tus obras literarias en la blockchain es un paso innovador para proteger tu propiedad intelectual en la era digital. Esta tecnología no solo ofrece un método seguro y transparente para demostrar la autoría, sino que también te brinda nuevas oportunidades para monetizar y distribuir tus creaciones.

¡Protege tu obra hoy y asegúrate de que tu autoría sea reconocida para siempre!

CHECKLIST INTEGRAL PARA LA CREACIÓN Y PUBLICACIÓN DE UNA OBRA LITERARIA

1. PLANEACIÓN Y REDACCIÓN

☐ Definir el propósito de la obra: ¿Cuál es el objetivo principal del libro?

☐ Desarrollar un esquema o tabla de contenido: Organizar los capítulos y secciones.

☐ Investigar y documentar fuentes: Asegurar la precisión de la información.

☐ Escribir el borrador inicial: Completar el primer manuscrito.

☐ Incorporar citas y referencias adecuadas: Seguir un estilo de citación (APA, MLA, Chicago).

☐ Revisar el contenido para evitar plagio: Utilizar herramientas de detección de plagio.

2. REVISIÓN Y EDICIÓN

☐ Verificar coherencia y flujo narrativo: Revisar la estructura y la cohesión del texto.

☐ Corregir errores gramaticales y de estilo: Utilizar herramientas de gramática como Grammarly o ProWritingAid.

☐ Evaluar la originalidad del contenido: Asegurarse de que el material sea único.

☐ Solicitar retroalimentación externa: Enviar el manuscrito a lectores beta o a un editor profesional.

☐ Implementar correcciones sugeridas: Ajustar el contenido según los comentarios recibidos.

☐ Revisar la consistencia de los personajes y la trama: Especialmente para novelas de ficción.

3. PREPARACIÓN PARA LA PUBLICACIÓN

☐ Diseñar la portada del libro: Crear una portada atractiva y relevante.

☐ Desarrollar el diseño interior (maquetación): Configurar el formato del libro (eBook, tapa blanda, tapa dura).

☐ Generar un índice y tabla de contenido precisos.

☐ Incluir páginas preliminares: Portada, dedicatoria, agradecimientos, prólogo, introducción.

☐ Añadir un ISBN: Obtener un número de ISBN para tu obra.

☐ Registrar los derechos de autor: Considerar el uso de tecnología blockchain para registrar la creación.

4. PROCESO DE IMPRESIÓN

☐ Elegir el formato de impresión: Seleccionar entre impresión bajo demanda o tirada tradicional.

☐ Seleccionar una imprenta o plataforma de autopublicación: Amazon KDP, IngramSpark, Lulu, etc.

☐ Revisar una copia de prueba: Asegurarse de que el libro impreso cumpla con los estándares de calidad.

☐ Ajustar errores detectados en la prueba de impresión.

5. DISTRIBUCIÓN Y PUBLICACIÓN

☐ Seleccionar plataformas de distribución: Amazon, Barnes & Noble, Apple Books, Google Play, etc.

☐ Configurar los derechos de distribución y territorios.

☐ Fijar el precio de venta: Definir una estrategia de precios competitiva.

☐ Preparar la descripción del libro y metadatos: Optimizar para SEO en plataformas digitales.

☐ Planificar la fecha de lanzamiento.

6. MARKETING Y PROMOCIÓN

☐ Desarrollar un plan de marketing: Incluye estrategias en redes sociales, blogs y newsletters.

☐ Crear una página de autor o sitio web.

☐ Solicitar reseñas auténticas: Enviar copias anticipadas a influencers, bloggers y críticos literarios.

☐ Utilizar estrategias de marketing ético: Evitar prácticas engañosas como comprar reseñas.

☐ Realizar una campaña de lanzamiento: Organizar eventos en línea, webinars o lecturas públicas.

☐ Monitorizar las ventas y el rendimiento: Utilizar herramientas de análisis para medir el impacto.

7. POST-PUBLICACIÓN

- Revisar comentarios y reseñas: Utilizar la retroalimentación para futuras ediciones.
- Planificar actualizaciones o ediciones revisadas: Considerar nuevas ediciones si es necesario.
- Explorar oportunidades de traducción: Traducir la obra a otros idiomas.
- Continuar con el marketing a largo plazo: Mantener la visibilidad del libro.

8. CONSIDERACIONES ÉTICAS

- Verificar la originalidad del contenido.
- Respetar los derechos de autor y las licencias.
- Asegurar la diversidad e inclusión en el contenido.
- Utilizar inteligencia artificial de forma ética y transparente.
- Proteger la privacidad y los datos de los lectores.

REFERENCIAS

- Aristóteles. (2004). *Ética a Nicómaco* (Gredos). Editorial Gredos. (Obra original publicada en el siglo IV a.c.)
- Beall, J. (2016). *Predatory journals: Ban predators from the scientific record* [Revistas depredadoras: Prohibir a los depredadores del registro científico]. Nature, 534(7607), 326-327.
- Bly, R. W. (2019). *The Copywriter's Handbook: A Step-by-Step Guide to Writing Copy that Sells* [El manual del redactor publicitario: Una guía paso a paso para escribir textos que venden] (4ª ed.). Henry Holt & Company.
- Boon, M. (2010). *Ethics and the Creative Process in Literature and the Arts* [Ética y el proceso creativo en la literatura y las artes]. Cambridge University Press.
- Boyle, J. (2008). *The Public Domain: Enclosing the Commons of the Mind* [El dominio público: Cercando los bienes comunes de la mente]. Yale University Press.
- Creswell, J. W., & Creswell, J. D. (2018). *Research Design: Qualitative, Quantitative, and Mixed Methods Approaches* [Diseño de investigación: Enfoques cualitativos, cuantitativos y de métodos mixtos] (5ª ed.). SAGE Publications.
- Davies, G., & Garnett, K. (2020). *Moral Rights and the Author* [Derechos morales y el autor]. Hart Publishing.
- Foucault, M. (1984). *What is an Author?* [¿Qué es un autor?] En *The Foucault Reader* (pp. 101-120). Pantheon Books.
- Ginsburg, J. C., & Treiger-Bar-Am, S. (2015). *The Legal Treatment of Plagiarism in Academic Contexts and Beyond* [El tratamiento legal del plagio en contextos académicos y más allá]. Cambridge Law Review.
- Hemmingway, E. (2012). *A Moveable Feast* [París era una fiesta]. Scribner.
- Jackson, D. (2015). *Building an Author Platform: The Definitive Guide* [Construir una plataforma de autor: La guía definitiva]. Writing Books.
- Kaufman, D. (2014). *Plagiarism and Intellectual Property: A Handbook for Writers and Students* [Plagio y propiedad intelectual: Un manual para escritores y estudiantes]. Palgrave Macmillan.

- Keen, P. (2012). *A History of Creative Writing and Intellectual Property* [Una historia de la escritura creativa y la propiedad intelectual]. Routledge.
- Kittler, F. (1999). *Literature, Media, Information Systems* [Literatura, medios, sistemas de información]. Routledge.
- Murray, R. (2011). *How to Write a Thesis* [Cómo escribir una tesis] (3ª ed.). Open University Press.
- Orwell, G. (1946). *Why I Write* [Por qué escribo]. Penguin Books.
- Piper, A. (2012). *Book Was There: Reading in Electronic Times* [El libro estaba allí: Leer en tiempos electrónicos]. University of Chicago Press.
- Posner, R. A. (2007). *The Little Book of Plagiarism* [El pequeño libro del plagio]. Pantheon Books.
- Rose, M. (1993). *Authors and Owners: The Invention of Copyright* [Autores y propietarios: La invención del derecho de autor]. Harvard University Press.
- Sims, N. (2007). *True Stories: A Century of Literary Journalism* [Historias reales: Un siglo de periodismo literario]. Northwestern University Press.
- Stallman, R. (2015). *Copyright vs. Community in the Age of Computer Networks* [Derechos de autor vs. comunidad en la era de las redes informáticas]. GNU Press.
- Stein, S. (2000). *How to Grow a Novel: The Most Common Mistakes Writers Make and How to Overcome Them* [Cómo desarrollar una novela: Los errores más comunes que cometen los escritores y cómo superarlos]. St. Martin's Press.
- Thaler, R., & Sunstein, C. (2008). *Nudge: Improving Decisions about Health, Wealth, and Happiness* [Nudge: Un pequeño empujón para mejorar las decisiones sobre salud, dinero y felicidad]. Penguin Books.
- Tushnet, R. (2017). *Copyright Law and Creative Practice* [La ley de derechos de autor y la práctica creativa]. University of California Press.
- Vonnegut, K. (1999). *Bagombo Snuff Box: Uncollected Short Fiction* [Caja de rapé de Bagombo: Ficción breve no recopilada]. Berkley.
- Zinsser, W. (2006). *On Writing Well: The Classic Guide to Writing Nonfiction* [Escribir bien: La guía clásica para escribir no ficción] (30ª aniversario). Harper Perennial.

SOBRE EL PROCESO DE EDICIÓN

Al concluir *Literatura Ética: Guía Integral para Escritores*, considero importante compartir un aspecto clave de su desarrollo. Esta obra fue editada y corregida con el apoyo de herramientas de inteligencia artificial (Gemini y ChatGPT) en las etapas de edición y corrección de estilo, bajo la estricta supervisión de Carlos Contreras, profesor de español. No obstante, su contenido es íntegramente original.

El objetivo principal de utilizar estas herramientas fue enriquecer el texto original y garantizar el cumplimiento de altos estándares de calidad, organización y precisión. Las mejoras realizadas se fundamentaron en los siguientes aspectos:

1. **COHERENCIA Y ESTRUCTURA**

    ✓ **Secuencia lógica:** Se reorganizó el contenido para asegurar un flujo natural, comenzando con conceptos generales y avanzando hacia ideas más específicas y prácticas.

    ✓ **Encabezados y subtítulos claros:** Se implementaron títulos descriptivos para facilitar la navegación por el texto.

    ✓ **Unidad temática:** Se eliminó cualquier desviación temática para mantener el enfoque en el propósito central del libro.

2. **PRECISIÓN CONCEPTUAL Y CONSISTENCIA TERMINOLÓGICA**

- ✓ **Definiciones claras y consistentes:** Los términos clave, como ética, transparencia e integridad, se definieron y usaron de manera uniforme.

- ✓ **Rigor académico:** Se incluyeron ideas respaldadas por teorías reconocidas y fuentes confiables, actualizadas para reflejar los desafíos contemporáneos.

3. **ESTILO, TONO Y CLARIDAD**

    - ✓ **Lenguaje accesible:** El texto fue adaptado para ser claro, profesional y motivador, eliminando tecnicismos innecesarios.

    - ✓ **Neutralidad y objetividad:** Se trataron los temas con equilibrio y sin sesgos, manteniendo un tono inclusivo y no discriminatorio.

4. **ORIGINALIDAD Y APORTACIÓN AL CAMPO**

    - ✓ **Innovación:** Se aportaron perspectivas únicas, fomentando el pensamiento crítico y presentando soluciones prácticas aplicables a la realidad.

5. **ANÁLISIS DE CASOS PRÁCTICOS Y EJEMPLOS APLICABLES**

- ✓ **Relevancia:** Se seleccionaron casos y ejemplos actuales, diversos y culturalmente representativos, complementados con recursos visuales que destacan los puntos clave.

6. **RIGOR REFERENCIAL Y PRECISIÓN EN DATOS**

    - ✓ **Fuentes confiables:** Se verificó la solidez académica de todas las referencias y se garantizó la consistencia en su formato.

    - ✓ **Evitar redundancias:** Las ideas se expusieron de forma clara y concisa, evitando repeticiones innecesarias.

7. **CORRECCIÓN ORTOTIPOGRÁFICA Y GRAMATICAL**

    - ✓ **Ortografía impecable:** Se revisó exhaustivamente el texto para eliminar errores y garantizar coherencia sintáctica.

    - ✓ **Estilo persuasivo:** El lenguaje fue diseñado para motivar al lector a aplicar los valores y principios discutidos.

8. **CLARIDAD EN LA PROPUESTA DE VALOR**

    - ✓ **Conclusiones prácticas:** Se incluyeron herramientas, ejercicios y guías que facilitan la aplicación directa de los conceptos.

✓ **Involucramiento del lector:** Se integraron preguntas reflexivas y ejercicios interactivos para estimular una participación activa.

Si bien la inteligencia artificial jugó un papel esencial en este proceso, fue la supervisión humana la que garantizó que el contenido reflejara los valores éticos y la calidad que definen esta obra.

Espero que esta guía sea para ustedes no solo un recurso técnico, sino también una invitación a reflexionar sobre el impacto de la ética en la creación literaria y en la construcción de un legado significativo.

Made in the USA
Columbia, SC
23 December 2024

6c248b01-1c6d-4d10-a266-59d8603a8a4dR01